国家重点研发计划资助（项目编号：2023YFC2808800）

U0736350

《联合国海洋法公约》
三大组织机构与
海洋前沿问题研究

李金蓉　桂　静　罗婷婷　编著

Research on the Three Organizations of the
United Nations Convention on the Law of the
Sea and Marine Frontier Issues

中国海洋大学出版社
CHINA OCEAN UNIVERSITY PRESS
·青岛·

图书在版编目（CIP）数据

《联合国海洋法公约》三大组织机构与海洋前沿问题
研究 / 李金蓉，桂静，罗婷婷编著. —青岛：中国海洋大学
出版社，2023.12

ISBN 978-7-5670-3670-3

Ⅰ.①联… Ⅱ.①李… ②桂… ③罗… Ⅲ.①《联合
国海洋法公约》—研究 Ⅳ.①D993.5

中国国家版本馆 CIP 数据核字（2023）第 197745 号

出版发行	中国海洋大学出版社	
社　　址	青岛市香港东路 23 号	邮政编码　266071
网　　址	http://pub.ouc.edu.cn	
出 版 人	刘文菁	
责任编辑	张　华　郝倩倩	电　　话　0532-85902342
电子信箱	zhanghua@ouc-press.com	
印　　制	青岛海蓝印刷有限责任公司	
版　　次	2023 年 12 月第 1 版	
印　　次	2023 年 12 月第 1 次印刷	
成品尺寸	185 mm × 260 mm	
印　　张	11.75	
字　　数	193 千	
印　　数	1~1000	
定　　价	98.00 元	
订购电话	0532-82032573（传真）	

发现印装质量问题，请致电0532-88785354，由印刷厂负责调换。

联合国大陆架界限委员会

第四章

国际海底管理局

第五章

国际海洋法法庭（ITLOS）

第一章

联合国在
全球海洋治理中的
作用

1

CHAPTER

第一节 ···

国际组织的发展与全球海洋治理

一、国际组织在全球海洋治理进程中的发展

国际组织，一般是指若干个国家的政府、民间团体或个人基于特定的国际合作目的，通过协议创立的常设国际机构。国际法意义上的国际组织一般仅指若干国家的政府为了特定的国际合作目的，根据国际条约创设的常设国际机构，即政府间国际组织。由若干个民间团体或个人创立的国际组织则属于非政府国际组织。目前，非政府国际组织尚未被列入国际法的范畴，本书所讨论的也主要是政府间的国际组织。

国际组织的产生和发展是国际关系演进的产物。自17世纪中叶近代意义上的国际社会形成以来，国际关系的发展不断表现出国家间共处、国家间合作和全球化的特征。到19世纪，国际组织呈现蓬勃发展和扩张之势。可以说，作为国家间多边合作的产物，国际组织是因政府间或民间跨国合作的需求而产生的制度性安排。现代意义上的国际组织是工业革命以及法国大革命以后，在欧洲的议会制度和国际行政联盟的基础上衍生而来的。国际组织虽然生成于19世纪，但是在20世纪，尤其是第二次世界大战以后进入黄金发展期。以联合国的产生为重要标志，大批全球性和区域性的政府间国际组织呈爆炸式增长。单是20世纪80年代，就产生了1万多个国际组织，约为19世纪国际组织数目之和。国际组织以空前未有的速度和规模急剧发展，与国际社会格局的多元化变化密不可分。第二次世界大战后新兴独立国家数量剧增，和平与发展成为时代的主流。"冷战"结束后，伴随着国家间的依存程度提升，全球化的浪潮在各个领域呈现。国际社会的组织化与全球化是互为因果、相互促进的发展过程。全球化要求在国际层面形成具有普遍性的制度规范来约束国家行为，这就要求国家担负更多的国际义务。政府间国际组织成

为制定和实施国际法的重要主体。

全球化也影响到了海洋治理领域，各主权国家政府、政府间国际组织、非政府组织、跨国企业、个人等通过国际规制和广泛的协商合作来共同解决全球的海洋问题，进而实现全球范围内的人海和谐以及海洋的可持续开发和利用。全球的海洋治理结构包含了组织、规则、政策工具、程序等诸多方面，国际组织在其中发挥的作用不容小觑。全球海洋治理的趋势客观上要求各国加强国际合作，这就为政府间国际组织，尤其是普遍性的国际组织提供了广阔的舞台。全球化在海洋治理中的进程也是国际社会逐步走向法治、加强法治的过程，国际组织的作用则是国际社会法治的体现和象征，它们在一定意义上扮演了全球海洋治理进程中的造法者、执法者和管理者的角色。国际组织不仅仅是国家间多边合作的法律形式，也正在逐步成为全球海洋治理的重要手段，其主要表现在四个方面。首先，国际组织是全球性海洋领域法律原则、规则和制度的创制者；其次，国际组织是全球性海洋规则的组织实施者和监督者；再次，国际组织是全球海洋治理进程的管理者；最后，国际组织是全球海洋治理中的争端解决者。在一定意义上，政府间国际组织是全球海洋治理进程中的一个重要载体，全球海洋治理所需运行的规则依托国际组织来创设并加以执行，全球化的海洋秩序也因国际组织的存在和积极活动才有实现的可能。全球海洋治理离不开国际组织。全球海洋治理的进程推动了涉海国际组织的大发展，也促使相关涉海国际组织的职权扩大，同时也对涉海国际组织提出了新的挑战。

总之，全球海洋治理进程与国际组织的发展呈现出一种互为表里的关系。作为全球海洋治理的动因及载体，国际组织推动着这一时代浪潮的涌动。另外，国际组织又承受着全球海洋治理进程的挑战和冲击，正在进入新的发展阶段。国际组织与成员国之间的关系，以及其权利能力和行为能力、组织构架、职权范围等，都将面临全球海洋治理进程汇总的调整、革新和提升需求。其自我适应能力的优劣，也决定着国际组织在未来全球海洋治理进程中的地位和作用。

当前，可持续利用海洋、保护生态环境已经成为国际社会普遍共识。联合国高度重视全球可持续发展，将"保护和可持续利用海洋和海洋资源以促进可持续发展"列为2030年可持续发展议程17个目标之一，并将2021—2030年确定为"海洋科学促进可持续发展十年"。近年来，中国提出"一带一路"倡议、构建海洋命运共同体等重要理念，为全球海洋治理贡献中国智慧。中国积极参与国际海洋事务，特别是联合国框架内的多边涉海事务和国际规则的制定、修订与实施；连续当选国际海事组织A类理事国、国际海底管理局理事会A组成员、联合国教科文组织政府间海洋学委员会执行理事国，2013

年成为北极理事会正式观察员，2017年首次主办《南极条约》协商会议，2020年中国候选人再次当选国际海洋法法庭法官，在主要的涉海国际组织中发挥日益重要的作用。随着综合国力和国际地位的不断提升，中国在全球海洋治理领域逐步从跟踪参与转向主动作为，并不断向倡导引领转变，日益成为全球海洋治理的积极参与者、海洋可持续发展的重要贡献者、公正合理国际海洋秩序的有力推动者。

二、涉海国际组织的类型与主要作用

国际组织名目繁多，其目的、宗旨、组织机构和活动程序也各不相同。按照不同的标准，可以将国际组织划分为不同的类型，涉海国际组织的类型也可以根据这些标准进行划分。

第一，按照宗旨和职能，可以划分为一般性国际组织和专门性国际组织。一般性国际组织有广泛的职权，大多以政治、经济、军事、社会和文化等活动为主，最为典型的就是联合国。这类国际组织往往还有很多分支机构来处理不同领域的各项事务。专门性国际组织具有较为单一的职权，以某种行政技术活动为主，如国际海事组织、国际海道测量组织。

第二，按照是否向其他国家开放，可以分为开放式国际组织和封闭式国际组织。开放式国际组织除了最初创建时的成员外，还接纳新的成员，绝大多数国际组织均属于此种类型。封闭式国际组织则在创建后不再接纳成员，如荷比卢经济联盟、北欧理事会。涉海类国际组织中的北极理事会属于比较特殊的国际组织。一方面，其成员国具有封闭性，是由美国、加拿大、俄罗斯和北欧五国（挪威、瑞典、丹麦、芬兰、冰岛）8个领土处于北极圈的国家组成；另一方面，北极理事会的观察员身份具有开放性，其向非北极国家、全球性和地区性组织等开放。

第三，按照地域特点，可以分为普遍性国际组织和区域性国际组织。普遍性国际组织一般对所有国家都开放，世界上多数国家都是其成员，如联合国、国际海事组织。区域性国际组织一般仅允许某一地区有着共同利益和相似政治经济体制的国家加入，其活动也以该地区为限，如南极缔约国会议和北极理事会分别是南极和北极的重要治理决策主体。再如5个渔业资源管理和养护的政府间区域组织，即养护大西洋金枪鱼国际委员会（IOTC）、中西部太平洋高度洄游鱼类种群养护和管理委员会（WCPFC）、印度洋金枪鱼委员会（IOTC）、美洲热带金枪鱼委员会（IATTC）以及养护蓝鳍金枪鱼委员会

（CCSBT）。这些区域性组织在相关区域内的金枪鱼资源的评估、配额分配等养护和管理活动中起到了关键性作用。目前，联合国框架下的国际组织及其规制和活动，构成了全球海洋治理的主要部分。

第四，依据权力运行之划分，可以分为咨询性组织、立法性组织和执行性组织，主要取决于它们是否被授权做出有拘束力的决定，并且能否实施这些决定。如国际海洋法法庭、联合国大陆架界限委员会兼具咨询性组织和立法性组织的特点；国际海底管理局则兼具立法性组织和执行性组织的特点。

涉海国际组织在全球海洋治理中的作用主要表现在以下几个方面。

1. 制度供给

全球海洋治理的本质在于提供一种制度安排，而国际组织的制度供给则是该制度中的重要一环。为了更好地解决国际性公共海洋问题，需要国际组织发挥应有的制度供给作用。

国际组织具有一定的造法功能。首先，只要是在章程中被授权，国际组织便有能力自行制定法律。相对于创设国际组织基础性的共同法（也被叫作首级法），由国际组织自行制定的法律被称为派生性的共同法（也被称为次级法）。一个国际组织的基础性的和派生性的共同法组成了一个完整的法律体系，对国际组织及其机关，包括组织的成员，具有法律约束力。其次，国际组织还可以根据自身的"隐含权力"和实际效果原则说明其颁布的派生性法律的依据。根据"隐含权力"规则，即便不存在有关权限分配的明文规定，一个国际组织也可以被赋予完成组织任务所必需的权限。如果遵循实际效果原则，可以允许对条约的规定做出尽量宽泛的解释，以保证缔约方能够真正实现所追求的目标。最后，依据国际组织的组织权力，国际组织也可以颁布派生性法律。组织权力意味着每一个组织自然地拥有自行组织其内部运作的权利、颁布议事规则的权利和向下属机构分配公务的权利，但组织权力不得违背该国际组织章程的各项规定，也不得违背其派生性法律的各项规定。

以联合国大陆架界限委员会为例，根据《联合国海洋法公约》第76条第8款的规定，从测算领海宽度的基线量起200海里以外大陆架界限的情报应由沿海国提交根据附件二在公平地区代表制基础上成立的大陆架界限委员会。根据《联合国海洋法公约》第76条的规定，如果某一个沿海国从其测算领海宽度的基线量起200海里以外，仍然存在自然延伸的大陆架，即我们通常所说的外大陆架，那么关于外大陆架界限的划界提案应提交至联合国大陆架界限委员会审议后就有关划定大陆架外部界限的事项向沿海国提出建议，沿海国在这些建议的基础上划定的大陆架界限具有确定力和约束力。外大陆架界限的确定无论是在技术上还是法律上都极为复杂，在很多情况下，有关超过地质大陆架的大陆边的现有水深及地质数据很少，而没有这些数据根本不可能准确确定大陆边外缘界限。这一方面要求开展水文及地质方面的大量工作，另一方面需要对所获数据进行分析，并做出评判，以确定外大陆架的外部界限。基于这样的需要，《联合国海洋法公约》成立了委员会，并规定了外大陆架划界的相关制度。

2. 公共合作

国际合作的重要基础在于国际行为主体之间利益关系的基本一致或者部分一致，即"必须从合作中获得潜在的利益"。然而，现实的或者潜在的共同利益并不能保证国际合作的自动实现，共同利益是国际合作的必要而非充分条件。换言之，没有共同利益，国际合作就无从谈起；但是有了共同利益，国际合作也并不必然实现。如果国际行为主体希望达成相互合作，还必须克服一系列的障碍，尤其是"共同利益的困境"和"共同背离的困境"。正因如此，在推进国际合作的进程中，国际组织才能发挥重要的作用。

公共海洋问题的严峻性和复杂性，需要建立危机应对和有效合作的体制、机制，国际组织在其中承担着重要的作用。其作用主要表现在增进原则共识、订立国际法律文件和构建长效多边机制方面。

第一，为国际合作提供场所，即一种时间和空间上的安排。就此而言，几乎所有的国际组织都可以发挥其作为组织者、协调者或者舞台的作用。毫无疑问，作为当今世界上最具有代表性的国际组织，联合国为成员国之间的合作提供了极大的便利。联合国在《联合国海洋法公约》的协商讨论和最终成形方面功不可没。1947年，联合国大会决定成立国际法委员会，具体负责"促进国际法的逐渐发展与编纂"。1958年，第一次联合国海洋法会议召开，会议设立了5个主要委员会，经过每个委员会对条款草案的讨论和部分修正，会议分别制定并通过了4个条约，即《领海及毗连区公约在》《公海公约》《捕鱼与养护公海生物资源公约》《大陆架公约》。1960年召开的第二次联合国海洋法会议未取得实质性成果。第三次联合国海洋法会议则取得了丰硕的成果。会议于1973年开幕，到1982年《联合国海洋法公约》签字，持续了9年，共有包括中国在内的167个国家代表团参会。这次会议既是国际关系史上参加国家最多、规模最大、时间最长的一次外交会议，也是国际法编纂史上所拟公约条文最多、签字国最多的一次会议，对海洋政治和海洋法产生了深远的影响。

第二，可以向其成员提供可靠的信息以及信息交流的渠道，缓解信息的不确定性，减少达成交易的风险，降低交易的成本，做出更为可信的承诺，并建立起合作的焦点，从而在总体上推动国际范围内的互利合作。以海底地形命名的国际合作为例，海底地形命名是指对特殊海底地形地貌经过科学判别和认定后对其进行命名的行为。海底地形名称的标准化和统一性对于船舶航行及科学研究具有重要的意义。目前，国际通用海底地形命名的确认程序是沿海国将命名提交国际海道测量组织下设的国际海底地名分委会（Sub-Committee on Undersea Feature Names，SCUFN），审议通过后，作为世界海底地名共同使用。SCUFN在促进世界海底地形名称的标准化和统一化中发挥了重要的作用。按照惯例，海底地名是由沿海国海底地形命名委员会决定后提交给SCUFN，SCUFN则依据《海底地形命名标准》，即国际水道测量局（IHB）出版的B-6文件中规定的指导原则和术语对命名提案进行审议。通过后，命名中的地形名称将被纳入SCUFN海底地形地名辞典（IHB出版的B-8文件），作为世界海底地名共同使用。地名辞典采用的是数字化目录形式，除坐标外，还包含有关于地形的属性信息。

第三，塑造国家的利益观，从而推动国家间寻求共享利益的合作行为。国际机制同样会影响国家利益的界定，因为自身利益的含义本身是弹性的，具有很强的主观性。对于自身利益的认知既取决于行为者对特定行动产生的可能的结果预期，也取决于他们本质性的价值观念。国际机制当然可以影响预期以及价值观念，比如，对于公海、南北极海洋环境保护、航道、科研利益的重视以及相关国际合作的发展，历经了一个演进的过程。一系列国际组织，包括北极理事会、南极海洋生物资源养护委员会等相关机构，在塑造国家的预期以及价值观等方面发挥了关键作用。

3. 争端解决

20世纪90年代以来，国际形势发生了深刻的变化，国家之间发生大规模冲突与战争的概率大大降低。然而，随着全球化趋势的加强和各种全球性问题的日益凸显，国际争端和危机所涉及的行为体的种类也越来越多。根据争端自身性质的不同，可以将国际争端分为法律争端和政治争端，其中，法律争端是指当事国的要求和论据是以国际法所承认的理由为依据的那些争端；而政治争端则涉及国家间重大利益，其法律性较弱或者有关法律规则不甚明确，这类争端适合政治解决但不适合司法裁判。国际组织在解决争端的过程中，以合法性为基础，强调多边主义，注重多边协调。从当今国际关系的性质及其解决方式的角度来考虑，国际争端解决大致可以分为联合国框架下的国际争端解决和区域组织或区域办法下的国际争端解决。海洋领域的国际争端主要包括岛礁主权争端、海域划界争端、海洋渔业和油气资源利用争端等。目前，国际组织在海洋争端领域产生作用主要是在联合国框架下，尤其是通过《联合国海洋法公约》的争端解决系统，它是各国一致认同的最为全面、最有拘束力且又有灵活性的系统。《联合国宪章》确立了联合国解决国际争端的方式，即和平解决争端和强制性机制。和平解决国际争端是优先选择，主要包括政治解决和司法解决；强制性机制主要包括制裁和武力。

目前，具有世界规模的海洋争端解决国际机构主要有三个：国际法院、常设仲裁法院和国际海洋法法庭。国际法院是全球唯一具有一般管辖权的普遍性国际司法机构，相对于国际海洋法法庭，国际法院具有更加悠久的历史。国际法院具有双重职能：一是依照国际法解决各国向其提交的法律争端，二是就正式认可的联合国机关和专门机构提交的法律问题提供咨询意见。国际法院在审理海洋争端案件方面具有非常丰富的经验，且国家更倾向于将海洋划界案件提交国际法院审理。这是因为国际法院在受理案件方面的管辖依据更加多样化，而不仅仅依据《联合国海洋法公约》。在这些案件中，既有请求国际法院指示划界原则的，也有请求国际法院指出边界走向的，还有请求国际法院直接划界的。常设仲裁法院是历史最为悠久的国际争端解决机构，为国家、政府间组织、私人主体间的仲裁、调解、事实调查以及其他争端解决程序提供服务。在1946年至1990年间，由于国际法院的设立，导致常设仲裁法院受理的案子比较少。鉴于此，为了鼓励缔约国更多地利用仲裁的方式解决争端，《联合国海洋法公约》采纳了将仲裁方式作为强制性的争端解决程序的做法。因此，最近十余年提交国际仲裁的涉海争端案件明显增加，其中就包括菲律宾提交的"南海仲裁案"。国际海洋法法庭则是依据《联合国海洋法公约》第十五部分和附件六所设立的国际司法机构，主要职能是解决由于解释和使用《联合国海洋法公约》条款而产生的争端和问题。迄今为止，法庭审理的案件大多是船舶争议问题，包括针对船舶的临时措施和迅速释放程序。

第二节

涉海国际组织条约、决议及活动的国际法效力

国际组织及其框架下制定的公约、条约、形成的相关决议等，对于构建海洋治理领域的规范和行为准则、规范国家之间的互动关系、传播全球海洋治理体系的主要理念具有重要的作用。

一、海洋法律制度与涉海国际组织决议

国际组织决议是指国际组织的某一机构，依程序规则以书面形式通过的决定。其形式和名称呈现多样性，如决定、命令、规章、建议和宣言。《国际法院规约》并没有提到国际组织的决议可作为国际法的渊源，但第二次世界大战结束后，国际组织迅速发展壮大，在国际事务中的地位明显提升，国际组织决议的作用和影响也日益增大，并在一定领域起到了调整国际社会关系、指导国际合作行为的重要作用，从而关于国际组织决议法律地位的讨论也越加热烈。传统国际法学说认为国际组织的决议不是国际法的直接渊源，但也有学者认为不应简单地把国际组织决议排除在国际法渊源之外。国际组织决议分为内部决议和外部决议。内部决议是国际组织为其内部工作目的而制定的、关于组织本身职能的决议，这类决议包括很多组织性决议及大量对具体事项做出决定的决议，可对国际组织内部以及会员国产生法律上的约束力，但对国际法的形成没有什么意义。外部决议是国际组织为参与国际社会部分事务的管理而制定的扩展到组织本身职能之外的决议。一般而言，外部决议不具有法律拘束力，但普遍性国际组织如联合国的一类决议包含着有关国际法原则、规则或制度的宣言，这种宣言往往直接确认、阐明甚至创立国际法原则、规则或制度，此类决议应属于国际法的渊源范畴。

从法律效力上看，目前大部分国际组织决议都属于"软法"，其与国际会议的文件、国际机构确定的标准和准则等一样，从国际法理论上看并不具有法律拘束力，而属于国际道德的范畴。软法文件与司法判例或公法学说共同构成了现有国际法规则或产生新的国际法原则规则的重要证据。从法律渊源角度说，它是国际法渊源的辅助材料。如前所述，第二次世界大战后国际组织决议在国际法渊源体系中的作用逐渐增强，而国际组织决议的蓬勃发展又突出表现在国际环境及资源保护领域。从1972年联合国召开人类环境会议并发布《人类环境宣言》以来，具有全球影响力的国际组织和国际会议陆续推出一系列与环境保护和可持续发展相关的重要决议，比如《人类环境行动计划》《内罗毕全球环境状况宣言》《世界自然资源保护大纲》《巴厘宣言》《里约热内卢环境与发展宣言》《约翰内斯堡可持续发展宣言》。这些决议在全球环境保护方面产生了巨大的影响力，其中申明的一些原则已经构成国际社会公认的国家行为准则，有的原则和规定在国际公约中得到体现，一些具有较强的国际性和规范性的原则和规定对国际和国内立法都起到了指导作用。可以肯定地说，国际组织决议在推进全球生态环境保护法律制度的发展和完善、督促国际社会做出并履行保护全球环境的承诺、促进国际合作与交流方面的作用是明显而富有成效的，这其中有很多成为海洋环境和资源保护方面的重要规范。

二、海洋管理实践与涉海国际组织规则

国际组织是现今国际社会的有机组成部分，对国际规则的创立、发展和遵守起到了重要作用。反过来，国际规则也为国际组织自身的发展和完善发挥了不可忽视的促进作用。可以说，国际组织是现代国际法理秩序中的重要行为体。作为国际社会的重要行为体，国际组织是结构和规则的承载者，并且通过制定规则和运用规则，维护一定的国际社会的秩序，帮助国家实现在主权、安全发展和国际地位等方面的利益诉求。国际组织通过制定和运用规则，在帮助实现国家利益的同时，规制约束和推动国家"社会化"。

对于任何一个国际组织而言，其建立与维系都需要一套相应的原则、规范、规则和决策程序，国际组织可以基于此在不同程度上约束成员国的行为。这种约束可能具有一定的强制力，即其是基于一定的强制性权力的硬约束。此外，国际组织对国家行为的塑造不限于硬约束，甚至不是主要依靠强制性力量，而是作为一种规范性力量在发挥作用，即其是建立在一定的规范性权力基础上的软约束。

第三节

三次海洋法会议及《联合国海洋法公约》

一、第一次联合国海洋法会议

（一）会议背景

国际法委员会在研究海洋法问题的过程中，曾两度建议联合国召开海洋法会议。第一次提出是在1953年公海条款草案的制定过程中，但联合国大会认为公海、领海、毗连区、大陆架和上覆水域等问题联系密切，只有国际法委员会研究了所有相关问题并向联合国大会提交报告之后，才考虑召开海洋法会议讨论领海或公海制度问题。1956年，国际法委员会再度提议联合国召开国际海洋法会议，讨论1956年报告涵盖的各种海洋法问题。1956年12月20日，联合国大会第六委员会举行了针对国际法委员会报告和建议的一般性辩论，通过决议草案，采纳国际法委员会关于召开海洋法会议的建议，并把国际法委员会报告提交给海洋法会议，作为其考虑海洋法发展和编纂所涉及各种问题的基础。1957年2月21日，第11届联合国大会通过了一项决议案，决定在1958年3月初召开国际海洋法会议，本次海洋法会议邀请对象包括所有联合国和特别机构会员国。会议将讨论领海界限、毗连区、大陆架、国际渔业、公海制度和内陆国家进入海洋的问题。

（二）会议概况

1958年2月24日至4月27日，第一次联合国海洋法会议在瑞士日内瓦召开。86个国家代表参加会议，包括79个联合国会员国和7个专门机构成员国。由于历史原因，当时中国被剥夺了在联合国的合法席位，因此未能参加这次会议。鉴于任务较多，会议设立了总务委员会、资格审查委员会、选举委员会和5个实体委员会：第一委员会负责领海和毗连区问题，第二委员会处理公海制度问题，第三委员会讨论公海渔业和生物资源养护问题，第四委员会研讨大陆架问题，第五委员会涉及内陆国自由进入海洋的问题。

（三）会议成果

会议通过了《领海与毗连区公约》《公海公约》《捕鱼与养护公海生物资源公约》和《大陆架公约》4个公约，这是最初没有预料到的，也是第一次把海洋法编纂成法典。但是每一个公约需要分别批准，并且从一开始就没有被普遍接受。①

45个国家批准了《领海与毗连区公约》，但在领海与毗连区宽度问题上未达成一致，这就需要召开第二次海洋法会议来解决这一问题。1960年联合国召开了第二次海洋法会议，但会议仍然没有就领海宽度问题达成一致意见。在全体会议上，6海里领海附加6海里毗连区提案因一票之差而未获得通过。

《公海公约》在很大程度上是成功的，共有56个国家批准。该公约的很多内容时至今日依然有效，并且在《联合国海洋法公约》中得到体现。

《捕鱼与养护公海生物资源公约》并不成功，只有35个国家批准。

《大陆架公约》非常成功，获得了53个国家的批准。该公约授权各国从20世纪60年代早期开始就可以对其海床的非生物资源进行勘探开发。此外，具有重要意义的是，该公约的表述明确了大陆架是指邻近海岸的其上覆水深达200米或虽超过200米水深仍可开采其自然资源的海底区域的海床及底土，因此该公约的规定实际上是开放式的。②

除上述4个公约外，会议还通过了一项《关于强制解决争端之任择签字议定书》，其第一条规定："解释或适用海洋法任一公约所引起的争端应属国际法院的强制管辖范围之内，因此，为本议定书签字国的任何争端当事国得提出申请，将争端提交国际法院。"

（四）会议的政治色彩

第一次联合国海洋法会议的政治色彩反映了当时的国际政治形势。第一，东西方分裂对抗成为会议的主要政治色彩。第一次联合国海洋法会议召开之时恰是美苏"冷战"时期，会议不可避免地蒙上"冷战"色彩。美国、西欧以及北大西洋公约组织（NATO）

---

① ② 国际海道测量组织，国际大地测量协会.1982《联合国海洋法公约》技术手册：第5版［M］.公衍芬，张建辉，毕文璐，译.北京：海洋出版社，2020：1-4.

成员等主要关注海军机动性和公海权利，国家利益比较一致，大多数时候能够站在同一阵线。美苏两国在多个问题上，尤其是领海宽度问题上的立场相左，几乎没有协调的可能性。苏联有东欧盟国支持，因此，苏联东欧集团成为美国实现谈判目标的障碍。第二，新兴国家努力发声。新兴国家数量发展高峰虽然尚未到来，但已经开始成为国际社会一股新力量，努力在关系切身利益的海洋法问题上发声，着力反对其前殖民国家制定的海洋法。第三，有些国家基于本国利益，在具体问题上有不同立场。有些国家可能属于某一个集团，但是基于本国利益的考虑，会在具体问题上做出不同的立场选择。比如，冰岛依赖近海渔业，因而支持12海里领海建议，这使其能够享有更多的捕鱼权利。

（五）会议及其成果评价

第一次联合国海洋法会议具有重要历史意义。第一，参与国家多，涉及范围广。世界上所有海洋国家，包括联合国成员国和一些重要非成员国（如联邦德国和瑞士），以及内陆国家等都参加了此次会议。会议不仅强调在世界海洋资源利用方面的利益，还要求研究内陆国家自由进入海洋的问题。第二，会议成果丰硕。1930年海牙会议议题仅限于领海，而1958年会议几乎涵盖了海洋的各个方面：领海、毗连区、大陆架、公海、海湾、渔业和保护、海盗问题以及船舶的国籍等。第三，这是首次在世界范围内讨论联合国国际法委员会起草条款的会议。与会代表们要求联合国大会考虑召开第二次国际会议，继续为1958年无法达成协议的问题，包括领海宽度、沿海渔业、公海核试验以及历史性海域制度等寻找最终解决办法。

同时，会议也被打上"失败"的烙印：一是会议未能就领海宽度问题达成一致；二是会议不能如实反映广大发展中国家的合理诉求。由于很多亚非国家没有获得独立而未能参会，参会的很多亚非拉国家的合理意见也没有被采纳，制定的4个公约不能反映发展中国家的合理诉求。三是某些条款仅有利于少数海洋大国，不符合时代要求。《大陆架公约》第一条在规定大陆架定义时使用了"200米等深线或超过此限度而上覆水域的深度""容许其开采自然资源的海底区域的海床和底土"两个标准。第二个标准取决于沿海国的技术力量。技术力量越先进，其实际拥有的大陆架范围就会越宽广，显然有利于发达国家。沈韦良代表在海底委员会会议上发言指出："旧的日内瓦海洋法四公约从根本上来说有利于超级大国推行其海洋霸权主义，而不利于广大发展中国家捍卫自己主权和维护民族经济利益的正义斗争。"

二、第二次联合国海洋法会议

（一）会议概况

1960年3月17日至4月27日，第二次联合国海洋法会议在瑞士日内瓦举行，88个国家、若干联合国专门机构和国际组织参会。会议的目的是解决领海宽度和捕鱼界限问题，这是第一次联合国海洋法会议未获解决的两个重要问题。

（二）会议提案主要内容

第二次联合国海洋法会议充分反映了社会主义国家和亚非拉国家同以美国为首的西方国家之间的斗争。会议主要分歧总结为：领海宽度是6海里还是12海里以及是否承认沿海国享有排他的捕鱼权。与会代表展开了激烈的争论，列举各种论据，也提出了一些方案。

苏联提案的主要内容是：每个国家都有权确立自己的12海里领海，如领海宽度小于12海里，则可在其领海范围外建立渔区，领海和渔区总宽度不应超过12海里。上述区域内，该国在捕鱼和海洋生物利用方面享有与领海内同样的权利。

美国提案的主要内容是：一国最大领海宽度应为6海里，另外给予沿海国6海里专用捕鱼区，但凡在1958年1月1日之前5年期间内已经在此区域捕鱼的国家享有"历史性"捕鱼权，仍可在沿海国领海之外6海里捕鱼。

加拿大提案的主要内容是：国家有权将自己的领海宽度规定在6海里范围内，国家有权在其领海的外部6海里内建立排他的捕鱼区。

美国提案遭到许多亚非发展中国家反对，认为这是对沿海国渔业资源的合法掠夺。加拿大为了缓和亚非国家的不满情绪，与美国提出联合议案，其主要内容与美国提案基本一致，不同之处是，享有"历史性"捕鱼权的国家，可以从1960年10月31日算起的10年内继续捕鱼。

印度尼西亚、菲律宾、伊拉克、苏丹、埃塞俄比亚等16个亚非国家的提案，随着墨西哥、委内瑞拉的加入成为18国提案。提案主要内容包括：一是从适用基线测量领海的最大宽度为12海里。二是领海宽度小于12海里时，可在毗邻领海设立渔区，享有与领海内同样的捕鱼和开采生物资源的权利，渔区从测量领海宽度的适用基线开始测量，最大宽度为12海里。三是各国应制定必要法律法规，未经沿海国主管当局授权，不得在他国领海和渔区内捕鱼。18国提案与苏联提案的不同之处在于，领海与渔区的宽度小于12海里的国家，在与确立其他领海和渔区宽度国家的关系上可适用对等原则，即适用对方同样的领海与渔区宽度。如甲国领海为3海里，渔区为6海里，而乙国领海为6海里，渔区为12海里，则甲乙两国关系上可适用6海里领海和12海里渔区。①

（三）会议结果

会议经过辩论，首先在全体委员会内进行表决，对于18国提案，赞成有36票，反对39票，弃权13票。对于美、加两国提案，赞成有43票，反对33票，弃权12票。按照会议议事规则，最后决议应经大会全体委员三分之二多数赞成票通过。在大会上，美、加两国提案虽做了若干非实质性补充，但最终因未获得三分之二多数赞成票而未能通过，第二次联合国海洋法会议未获任何结果而宣告结束。

三、第三次联合国海洋法会议

（一）会议背景

两次联合国海洋法会议未能解决海洋法方面的根本问题。20世纪40年代末开始，拉丁美洲许多国家相继宣布了200海里主权管辖范围或200海里领海。第二次联合国海洋法会议后，自行颁布海洋法的国家越来越多。同时，许多国家、国家集团或国际组织就海洋法问题发表声明和宣言。20世纪60年代以后，国际上围绕着海洋权益的斗争日益尖锐、复杂。一方面，超级大国激烈争夺，另一方面，广大第三世界国家反对海洋霸权主义、维护海洋权益的斗争也发展到了一个新阶段。面对这一势不可挡的反对海洋霸权主义、维护国家海洋权益的历史潮流，联合国自1967年起通过了一系列有关海洋法的决议。1970年12月17日，第25届联合国大会以118票赞成、0票反对、14票弃权通过了《关于各国管辖范围以外海床洋底与下层土壤的原则宣言》，郑重宣布该区域及其资源为"全人类共同继承之财产"。同日，大会还通过决议，"注意到过去的十年中政治和经济的现实和科学技术的迅速发展迫切需要通过密切的国际合作，逐步改善海洋法"，并"考虑到现有许多联合国会员国未曾参加以前的联合国海洋法会议"，因此，决定于1973年召开联合国海洋法会议。从1970年开始，海底委员会为第三次联合国海洋法会议进行了大量筹备工作。经过反复讨论、协商，于1972年8月18日通过了一份有关海洋法

---

① 张海文.《联合国海洋法公约》释义集［M］.北京：海洋出版社，2006.

项目和问题的清单，提出了25个问题，作为第三次联合国海洋法会议讨论的议题。1971年，随着中国在联合国合法席位的恢复，第26届联合国大会于同年12月21日通过决议，决定海底委员会增加中国及其他4个成员国。1972年，我国开始参加海底委员会工作。

（二）会议概况

1973年12月3日，第三次联合国海洋法会议在纽约隆重开幕，到1982年12月10日《联合国海洋法公约》签字，持续了9年，共召开11期16次会议（表1-1），开会总天数为585天，先后有167个国家代表团参加会议，中国代表正式全程参加了会议。此外，民族解放组织、国际组织、未独立领土等50多个实体代表作为观察员出席会议。第三次联合国海洋法会议相关工作主要由三个主要委员会负责：第一委员会负责起草深海海床相关条款，包括这些条款的实施机制；第二委员会主要负责传统海上区域与航行相关规定，同时还包括对"专属经济区"和"群岛国"这两个新概念进行介绍；第三委员会负责对复杂区域和海洋环境保护与维护进行科学研究。而上述委员会产生的结果由第四委员会转换成各种谈判案文。

（三）会议历程及其成果

第一期会议于1973年12月3日至15日在纽约举行，通过了议程并就委员会构成、会议官员选举和委员会代表达成了一致意见。不过，程序规则问题没有解决。

第二期会议于1974年6月20日至8月29日在委内瑞拉加拉加斯举行。关于议事规则问题，最终经过激烈斗争达成协议，即所有实质问题，包括《联合国海洋法公约》最后通过，应以出席并投赞成票三分之二的多数国家通过，但这一多数应为全体参加国半数以上。

第三期会议于1975年3月17日至5月9日在日内瓦举行，产生了"非正式单一协商案文"。

第四期会议于1976年3月15日至5月7日在纽约举行，制订了"订正单一协商案文"。

第五期会议于1976年8月2日至9月17日在纽约举行，没有产生重大文本成果。

第六期会议于1977年5月23日至7月15日在纽约举行，将修改"订正单一协商案文"合并为一个综合性文件，即"非正式协商案文"（简称ICNT）。

第七期会议分别于1978年3月28日至5月19日在日内瓦，8月21日至9月15日在纽约举行，没有产生重大文本成果。

第八期会议分别于1979年3月19日至4月27日在日内瓦，7月19日至8月24日在纽约举行。春季会议发布了ICNT第一版修订本（ICNT/Res.1），而夏季会议发布了会议报告。

第九期会议分别于1980年3月3日至4月4日在纽约，7月28日至8月29日在日内瓦举行。春季会议发布了ICNT第二版修订本（ICNT/Res.2），夏季会议发布了《联合国海洋法公约》草案（非正式案文）。

第十期会议分别于1981年3月9日至4月24日在纽约，8月3日至28日在日内瓦举行。会议决定牙买加为国际海底管理局所在地、联邦德国汉堡为海洋法法庭所在地，将《联合国海洋法公约》非正式草案改为正式草案，没有产生重大文本成果。鉴于会议主席阿梅拉辛格于1980年逝世，会议选举新加坡大使许通美为会议主席。

第十一期会议于1982年3月8日至4月30日在纽约举行。美国代表团要求对《联合国海洋法公约》草案中40余处进行修改，遭到许多国家反对。会议主席参照澳大利亚、加拿大、挪威等11国的意见提出折中方案，适当考虑美国利益，对《联合国海洋法公约》草案进行少量修改，但美国要求对《联合国海洋法公约》草案进行表决。包括中国在内130票赞成，美国、以色列、委内瑞拉、土耳其4票反对，苏联、部分东欧国家、英国、联邦德国、比利时、荷兰、卢森堡、意大利、西班牙、泰国等17票弃权。经过长达9年的艰苦谈判和协商，《联合国海洋法公约》终于被顺利通过。

（四）《联合国海洋法公约》及其签署

《联合国海洋法公约》包含17部分共320条以及9个附件，《关于执行〈联合国海洋法公约〉第十一部分的协定》由10条和9个附件构成。1982年12月10日，《联合国海洋法公约》在牙买加蒙特哥湾市开放签字，当日，包括中国在内的119个国家的代表在《联合国海洋法公约》上签字。《联合国海洋法公约》在第60份批准书或加入书交存联合国之日起12个月后，于1994年11月16日正式生效。目前，共有167个国家和欧盟批准了该公约。1996年5月，我国第八届全国人民代表大会常务委员会召开第19次会议，批准加入《联合国海洋法公约》，我国成为这一重要国际条约的缔约国。

《联合国海洋法公约》是世界范围内反对海洋霸权主义的产物，基本上反映了世界上绝大多数国家在开发、利用海洋方面的共同愿望和利益，它的产生不仅是广大第三世界国家长期斗争和努力的结果，也是一切珍惜民族独立、维护海洋权益、爱好和平的国家的共同胜利。《联合国海洋法公约》的诞生，标志着第三世界国家日益壮大、成熟和发展，它们团结战斗，注意斗争策略，努力团结多数，赢得了广泛支持，排除了超级大国的阻挠，取得了具有历史意义的胜利。[1]虽然该公约针对维护人类共同继承财产和各国的海洋权益规定了一系列原则、规则和制度，如12海里领海、200海里专属经济区、国际海底属于人类共同继承财产，但其中不少条款是不完善的，甚至是有严重缺陷的，如大陆架定义、军舰无害通过领海、相向或相邻国家间大陆架划界问题，以及国际海底开发制度对少数工业大国照顾过多。

联合国三次海洋法会议具体情况如下。（表1-1）

表1-1　联合国三次海洋法会议召开时间、地点和结果[2]

会议名称	时间	地点	结果
第一次联合国海洋法会议	1958年2月24日至4月27日	日内瓦	通过《领海和毗连区公约》《公海公约》《捕鱼与养护公海生物资源公约》和《大陆架公约》。
第二次联合国海洋法会议	1960年3月17日至4月27日	日内瓦	没有取得成果。
第三次联合国海洋法会议第一期会议（组织会议）	1973年12月3—15日	纽约	通过了议程并就委员会构成、会议官员选举和委员会代表达成了一致意见，不过，程序规则问题没有解决。
第三次联合国海洋法会议第二期会议	1974年6月20日至8月29日	加拉加斯	完成了组织会议未决的程序规则工作，没有产生条约，也没有产生任何领域的议定条款。
第三次联合国海洋法会议第三期会议	1975年3月17至5月9日	日内瓦	产生了非正式单一协商案文。
第三次联合国海洋法会议第四期会议	1976年3月15至5月7日	纽约	制定了订正单一协商案文。
第三次联合国海洋法会议第五期会议	1976年8月2日至9月17日	纽约	没有产生重大文本成果。

---

[1]　张海文.《联合国海洋法公约》释义集［M］.北京：海洋出版社，2006：1-13.
[2]　吴少杰.联合国三次海洋法会议与美国关于海洋法问题的政策（1958—1982）［D］.长春：东北师范大学博士学位论文，2013.

续表

会议名称	时间	地点	结果
第三次联合国海洋法会议第六期会议	1977年5月23日至7月15日	纽约	将修改"订正单一协商案文"合并为一个综合性文件,即"非正式协商案文"(简称ICNT)。
第三次联合国海洋法会议第七期会议	1978年3月28日至5月19日和8月21日至9月15日	日内瓦和纽约	没有产生重大文本成果。
第三次联合国海洋法会议第八期会议	1979年3月19日至4月27日和7月19日至8月24日	日内瓦和纽约	春季会议发布了ICNT第一版修订本(ICNT/Res.1),而夏季会议发布了会议报告。
第三次联合国海洋法会议第九期会议	1980年3月3日至4月4日和7月28日至8月29日	纽约和日内瓦	春季会议发布了ICNT第二版修订本(ICNT/Res.2),夏季会议发布了《联合国海洋法公约》草案。
第三次联合国海洋法会议第十期会议	1981年3月9日至4月24日和8月3日至28日	纽约和日内瓦	牙买加为国际海底管理局所在地,联邦德国汉堡为海洋法法庭所在地,将海洋法公约非正式草案改为正式草案,没有产生重大文本成果。
第三次联合国海洋法会议第十一期会议	1982年3月8日至4月30日	纽约	《联合国海洋法公约》表决通过,海洋法谈判结束。
第三次联合国海洋法会议最后会议	1982年12月6-10日	蒙特哥湾	《联合国海洋法公约》正式通过并向各国开放签署。
	1994年7月28日	纽约	《关于执行1982年12月10日〈联合国海洋法公约〉第11部分的协定》正式通过。
	1994年11月16日		《联合国海洋法公约》正式生效。

第二章

《联合国海洋法公约》框架下的三大组织机构的产生与发展

2

CHAPTER

第一节

三大组织机构对应国际法制度的发展历程

一、外大陆架划界制度

（一）《联合国海洋法公约》大陆架制度建立的背景

大陆架原本是一个纯粹的地质地理学概念，通常是指从海岸起在海水下向外延伸的一个地势平缓的海底地区的海床及底土。[①]大陆架上蕴藏着丰富的矿藏资源及海洋生物资源。从20世纪中叶开始，随着科学技术的发展，人类开发利用海洋资源成为可能。大陆架作为蕴藏资源丰富并且开采相对便利的海域，加之其具有的重要军事意义，逐渐成为世界各国的争夺焦点之一。

大陆架正式成为一个法律概念是在1945年美国发表《杜鲁门公告》之后。国际法院认为《杜鲁门公告》包含通过相互协议划界和按照公平原则划界两个概念，构成其后划界问题"整个历史的基础"。[②]《杜鲁门公告》发布之后，英国、墨西哥、危地马拉、沙特阿拉伯等国家随之效仿，仅对大陆架的自然资源要求管辖权，尊重公海自由。窄大陆架国家在"自然延伸"原则之下无法获得理想的大陆架专属管辖权，于是进一步提出200海里渔区或200海里领海的要求。大部分国家制定类似《杜鲁门公告》的总统法令或以其他法律形式确定大陆架范围，以此来扩大国家的海洋权利，大陆架划界规则通过各国国内法的转化，逐渐演变成为国际习惯法的一部分。

大陆架概念产生初期，相应的法律框架还未成型，受传统海域法律规则影响很大，

[①] 《中国大百科全书》总编辑委员会.中国大百科全书：法学［M］.北京：中国大百科全书出版社，1984：50.

[②] 国际法院.国际法院北海大陆架案判决书［M］//国家海洋局政策研究室.国际海域划界条约集.北京：海洋出版社，1989：60-61.

国际法委员会在研究大陆架划界问题时，把适用于领海划界的等距离方法，类推适用于大陆架划界，最终被纳入1958年《大陆架公约》第6条。[①]

随着科学技术的不断进步和深海矿产资源的不断发现，沿海国已不满足于200米水深的管辖权限制，希望改变这一现状，扩大可管辖的范围。北海大陆架争端的出现，给了国际法院一个契机，得以专门对大陆架法律制度进行解释与澄清。北海大陆架案之后，第三次联合国国际海洋法会议于1973年12月举行，经过9年的磋商，于1982年4月制定了《联合国海洋法公约》，确定了由两条公式线和两条限制线界定的新的大陆架制度，沿海国可管辖的大陆架范围也大大向外延伸，达350海里甚至更远。1982年的《联合国海洋法公约》并未能从根本上解决矛盾，尤其是其第83条对划界所做的原则规定被指责为太过模糊。《联合国海洋法公约》的诞生并不意味着构建国际海洋法制度的任务已经完成，反而是一个开端。此后近40年中大量的国际司法判例及国家划界实践，都继续着构建这一制度的工作。

（二）《联合国海洋法公约》大陆架制度的建立

随着越来越多的国家对大陆架行使专属管辖权，1958年，53个国家在日内瓦签订了《大陆架公约》，主要规定了大陆架的外部界限确认、大陆架权利界定性质等问题。1958年的《大陆架公约》规定的大陆架划界规则具有不确定性，取决于一国国家海洋科学技术的水平。但总的来说，《大陆架公约》生效之后，缔约国都按照《大陆架公约》单方面宣布其对大陆架的要求，促进了大陆架划界规则的国家实践进程，大陆架是陆地领土的自然延伸也为国际社会所公认。

根据沿海国国际形势的新发展，在1958年《大陆架公约》的基础上，1982年的《联合国海洋法公约》又制定了由两条公式线和两条限制线界定的新大陆架制度——200海里以外大陆架制度。该制度以《联合国海洋法公约》第76条为核心，详细描述了一国确定大陆架外部界限的程序。

根据《联合国海洋法公约》第76条的规定，其所定义的大陆架为沿海国的大陆架包括其领海以外陆地领土的全部自然延伸，扩展到大陆边外缘的海底区域的海床和底土，如果从测算领海宽度的基线量起到大陆边的外缘的距离不到200海里，即扩展到200海里。沿海国大陆架不应扩展到第4至第6款所规定的界限以外。大陆边包括沿海国陆块没

---

① 袁古洁.国际海洋划界的理论与实践［M］.北京：法律出版社，2001：26.

入水中的延伸部分，由陆架、陆坡和陆基的海床构成。它不包括深洋洋底及其洋脊，也不包括其底土。第76条定义的大陆架是一个法律概念上的大陆架，其范围要大于地质上的大陆架，法律上的大陆架实际上是地质学上大陆边缘的概念，包括地质学上的大陆架、大陆坡和大陆基，它们之间的区别如下（图2-1）。1982年《联合国海洋法公约》确立的大陆架制度和新建立的专属经济区制度一起（图2-2），成为沿海国划分海洋权

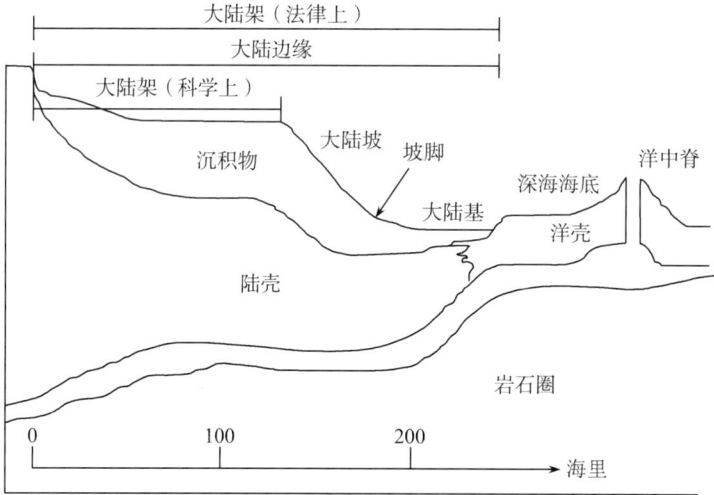

图2-1　法律概念上大陆架和科学概念上的大陆边缘的区别

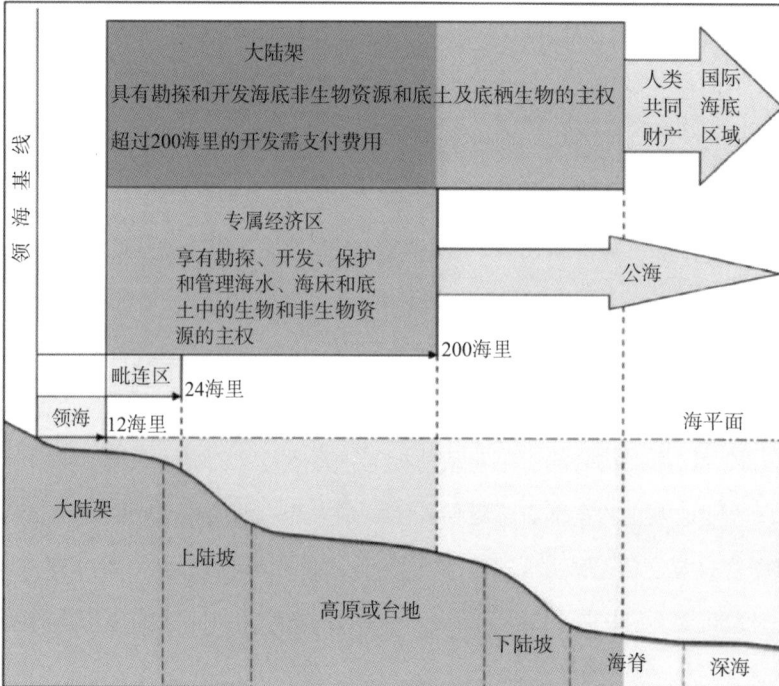

图2-2　《联合国海洋法公约》规定的大陆架和专属经济区

利的法律依据。由于《联合国海洋法公约》是各国利益折中的妥协产物，各国利益不同，对其解释和适用不同，并由此产生诸多的划界争端。

二、区域开发制度

国际海底是指沿海国管辖范围以外的海底，约2.5亿平方千米，约占地球表面积的49%。国际海底蕴藏着储量极其丰富的矿产资源，20世纪60年代，多金属结核开发问题首先引起国际社会的关注。为防止国际海底沦为发达国家竞相占有和掠夺的对象从而加剧国际社会贫富分化，发展中国家主张对国际海底资源的开发越少越好。1967年8月，马耳他驻联合国代表帕多提出建议案《关于专门为和平目的保留目前国家管辖权范围外海洋下海底及其洋底及为人类利益而使用其资源的宣言和条约》，经联合国大会第22届会议审议得以顺利通过。同年12月，联合国大会通过决议，设立特设委员会来研究国家管辖权范围外的海床及洋底和平利用的问题（简称"海底特设委员会"），其主要任务是研究促进国际合作勘探、养护及利用海床、海底及其底土的实际方法的方案。

1970年12月17日，联合国大会第25届会议通过了第2479号决议案《关于各国管辖范围以外海床洋底和底土的原则宣言》，该宣言宣告国际海底及其资源是"人类共同继承财产"，其勘探、开发应为全人类谋福利，并应特别顾及发展中国家的利益和需要，"人类共同继承财产"由此确立。这一宣言的通过是一个重要的里程碑，直接影响了《联合国海洋法公约》的原则内容。同时还通过了一项决议案，决定召开国际会议，商讨这一原则的落实。1973年至1982年的第三次联合国海洋法会议上，区域资源开发的制度成为被广泛关注并讨论的争议问题。经艰难谈判，国际海底制度被纳入《联合国海洋法公约》。但此后，国际海底制度的"人类共同继承财产"的性质逐渐被削弱。①

《联合国海洋法公约》确立了"区域"的"人类共同继承财产"的性质，主要体现在"平行开发制"方面。平行开发制是指国际海底一方面由海管局企业部开发，另一方面也允许缔约国或其企业开发，但须向海管局提供资金、转让技术和分享利益，还要在申请矿区时，同时提出两块经济价值相等的矿区，由海管局指定其中之一为"保留区"，给企业部或发展中国家开发。但是，以美国为首的西方国家以平行开发制下缔约

---

① 结合国际海底制度的演化评介"人类共同继承财产"原则40年来的发展过程。

国及其企业承担义务过重为由，拒绝批准《联合国海洋法公约》。这一做法导致了1994年《执行协定》的签署，而这一协定削弱了"区域"的"人类共同继承财产"的性质，不但推迟成立海管局企业部并削弱其地位，而且使缔约国及其企业不再承担向企业部、发展中国家提供资金和转让技术的义务。此后出台的三大规章再次冲击了平行开发制，规定申请既可向海管局提供同等价值的矿区，也可以选择向企业部提供"联合企业安排"中的股份而无须提供矿区。

三、海洋争端解决制度

随着科技的进步，人类开发和利用海洋的能力不断提升。在传统海洋法律秩序发生深刻变化、现代海洋法律秩序不断演变并得以确立的进程中，不同的国家和利益集团之间产生了一系列的矛盾和冲突。海洋领域的国际争端主要包括岛礁主权争端、海域划界争端、海洋渔业和油气资源利用争端等。为了维持海洋法律和秩序，建立海洋争端解决机制并澄清相关规则无疑十分必要。

目前，国际组织在海洋争端领域产生作用主要是基于联合国框架下，尤其是《联合国海洋法公约》中的争端解决机制，它是各国一致认同的最为全面、最有拘束力且有灵活性的机制。《联合国海洋法公约》的最终形成历经了三次联合国海洋法会议，共9年的时间，争端解决机制作为《联合国海洋法公约》的重要组成部分，一直是贯穿三次会议的重要议题。

在1958年的第一次联合国海洋法会议上，争端解决机制并没有受到足够的重视，在会议通过的《日内瓦海洋法公约》中并无涉及，仅被规定在了《关于强制解决争端之任择签字议定书》中。该议定书第一条规定："解释或适用海洋法任一公约所引起的争端应属国际法院的强制管辖范围之内，因此，为本议定书签字国的任何争端当事国得提出申请，将争端提交国际法院。"然而，该议定书却未得到广泛支持，在实践中也没有争端诉诸议定书中的程序。1973年，美国向筹备第三次联合国海洋法大会的联合国海底委员会提交了争端解决一章的条款草案，1974年第三次联合国海洋法会议第二期会议上，在美国提案及其草案的基础上，35个代表团成立了非正式工作组，工作组提交了关于解决海洋法争端的工作文件。1975年第三次联合国海洋法会议第三期会议上，争端解决非正式工作组成为正式工作组，大会主席在《非正式单一协商案文》的第四部分提出了包含18个条款7个附件的争端解决规定，成为《联合国海洋法公约》中争端解决机制的雏形。此后，经历了1976年的《非正式单一协商案文》（订正一和订正二）、1977年的《非正式综合协商案文》和1977、1978年的《非正式综合协商案文》（订正一和订正二），有关争端解决的条款在综合各国意见的基础上不断修改和完善，最终形成了现在的《联合国海洋法公约》争端机制，即《联合国海洋法公约》第十五部分"争端的解决"和第十一部分第五节及附件五至附件八的有关规定。

作为各个国家和利益集团妥协的产物，《联合国海洋法公约》的争端解决机制和《联合国海洋法公约》本身一样，是一揽子谈判的结果，虽然其仍然存在很多不尽如人意的地方，但却是人类和平解决海洋争端的重要制度进步。作为迄今为止最复杂和详细的国际海洋争端解决机制，其主要有以下几个特点。一是整体的强制性。《联合国海洋法公约》之前的许多国际条约，或者关于争端解决的规定非常少，或者争端解决程序是以任择议定书的方式供各缔约国任择签署，但实践中批准此类议定书的国家相当有限。《联合国海洋法公约》体系下有拘束力的强制争端解决程序相较之前的制度而言是一个重要的突破。二是解决方法的自由性。《联合国海洋法公约》允许争端各方选择任何和平方法解决争端。只有在这种选择失败的情况下，各方才有义务将争端交付《联合国海洋法公约》第十五部分第二节规定的导致有拘束力裁判的强制程序解决（《联合国海洋法公约》第286条）。其中，与这种强制程序相关的四个法律机构包括国际海洋法法庭、国际法院、按照附件七组成的仲裁法庭以及按照附件八组成的特别仲裁法庭，这四个机构对应的程序在《联合国海洋法公约》的争端解决机制下是平等的关系。三是适用范围的不完整性。《联合国海洋法公约》第15部分第三节规定了适用强制程序的限制和例外情况。如《联合国海洋法公约》第297条规定，沿海国在专属经济区或大陆架上行使主权所产生的某些争端便可以不适用强制程序；《联合国海洋法公约》第298条规定，对于海洋划界、军事活动、涉及历史性海湾所有权的争端以及联合国安理会正在行使其管辖权的争端，各国可以书面声明的形式排除强制程序的适用。

《联合国海洋法公约》争端解决机制的一个显著特点就是创设了新的国际常设司法机构——国际海洋法法庭。在其之前，《联合国海洋法公约》所列的其他三种上述强制程序都已经存在。关于国际海洋法法庭设立的目标、宗旨及设立过程中的国家博弈，将在本书第二章第二节"三大组织机构的设置"中予以说明。

第二节

《联合国海洋法公约》体系下三大组织机构的设置

一、三大组织机构设立的目标和宗旨

（一）大陆架界限委员会

大陆架界限委员会（以下简称"委员会"）是经《联合国海洋法公约》设立的、专门处理200海里以外大陆架（以下简称"外大陆架"）外部界限划定问题的专业技术机构，负责审议《联合国海洋法公约》缔约国提交的外大陆架划界案，并就此提供相应的科学和技术建议以及咨询意见。根据《联合国海洋法公约》规定，虽然委员会仅负责提供技术方面的审议意见，但沿海国根据委员会意见划定的外大陆架界限具有正式的法律约束力。因此，在外大陆架划界整体进程中，委员会的地位及角色至关重要。委员会于1997年正式成立，旨在促进《联合国海洋法公约》在确定关于200海里以外大陆架外部界限中的实施。

（二）国际海底管理局

国际海底管理局（以下简称"海管局"）设立的目标是鼓励海底资源的有序开发，从而使国际社会作为一个整体从中受益。为此，海管局为愿意在海底投资开采资源的国家建立法律制度，且这些制度应提供确保对投资者一视同仁的法律保障，同时具有对投资者公平，也对代表国际社会的海管局有利的具体条款。[1]

---

① 金建才，毛彬.国际海底管理局十年（1994—2004）[M].北京：海洋出版社，2005：5。

海管局是全世界所有人类的共同代表，为全人类的共同利益履行职能。海管局秉持所有成员国完全平等原则，要求所有成员国都要本着最大诚意的原则来履行其所应当承担的相关责任和义务，以确保海管局的正常运作以及海管局和成员共同利益的实现。[①]该公约的所有缔约国都是海管局的成员之一，也是海管局大会的成员，均有一票表决权。同时，海管局理事会成员也都有一票表决权，对于海管局管辖的事务均有平等的参与权和决策权，通过海管局来维护自己的权益。

各个国家对于国际海底区域的所有行为都应当严格遵守海管局的规定、联合国的相关原则以及有关国际法的规则。合法原则是国际海底管理局各成员国必须要首先考虑的一个问题，国际海底管理局各个成员国只有在相关国际法律法规许可的范围内活动，才能获得其他成员国的认可并最终得到海管局的肯定和保护。对于在国际海底区域进行开发和利用的任何实体都有责任来确保其在国际海底区域内的活动是符合法律规定的，避免因违反国际海底区域保护和开发制度、规则所规定的保护国际海底区域的义务而对国际海底区域造成损害，否则就要承担相应的国际法责任。

国际海底区域内的各项活动应当以保护人类共同财产的方式来进行，海管局本着公平、公正的原则来分配从国际海底区域内活动取得的各项收入和其他的各类经济利益，海管局只有在其所从事的各项活动中实践公平与公正，才能够获得世界各国的认同。同时，海管局应注意保护发展中国家的利益，通过各种努力使更多的发展中国家参与到国际海底区域的各类活动中，实现自己的利益。

（三）国际海洋法法庭

作为依据《联合国海洋法公约》所设立的常设专门性国际司法机构，国际海洋法法庭的产生经历了多个国家利益集团的博弈和妥协。1976年，在第三次联合国海洋法会议第四期全体会议上，共有来自72个国家的代表发言，对是否应该设立国际海洋法法庭表明立场。

美国提议设立国际海洋法法庭，而非由已经存在的国际法院作为《联合国海洋法公约》海洋争端解决的主体机构。这一提议遭到了日本、英国、法国、意大利、瑞士、西班牙、新西兰、以色列、爱尔兰、哥伦比亚、毛里求斯、埃及等国家的反对。他们认为，已经存在的国际法院完全可以承担解决有关解释或适用《联合国海洋法公约》问题

---

① 《联合国海洋法公约》第147条第5款、第7款。

的工作。在国际法院之外再创设新的司法机构将导致两大司法机构的职能冲突，并可能削弱国际法院的作用。与此同时，创设法庭所产生的费用可能与其所能解决的争端数量不成比例。

持支持意见的国家则主要包括印度、斯里兰卡、阿根廷、智利、古巴、尼日利亚、苏里南、厄瓜多尔、菲律宾、乌拉圭等发展中国家，这主要是因为众多发展中对国际法院不信任，他们认为国际法院在很多判决（如1963年"北喀麦隆案"和1966年"西南非洲案"）中并没有维护发展中国家的利益。古巴、巴林和苏里南更是直接指出，与77国集团一道赞同国际海洋法法庭对抗国际法院，就能保证发展中国家发挥更大作用。

除此之外，也有部分国家，如加拿大、希腊和委内瑞拉，对法庭的设立持中立态度，既认为国际海洋法法庭的设立并非完全必要，但是也不反对设立。

除了对是否需要设立国际海洋法法庭存在异议之外，支持设立的国家对于国际海洋法法庭与国际海底管理局的关系、是否要在法庭之内设立海底分庭等问题也存在争议。

持第一种观点的包括澳大利亚、塞内加尔、苏里南、斐济、马达加斯加等国。他们认为国际海洋法法庭应对包括国际海底区域事项在内的所有事项具有管辖权，国际海底管理局可以进入法庭，无须再建立特别海底分庭。持第二种观点的包括巴基斯坦、波兰、斯里兰卡等国。他们主张仅仅就国际海底区域事项设立海底法庭，该法庭为国际海底管理局的机构之一。持第三种观点的包括美国和加拿大等国。他们主张既要设立国际海洋法法庭，又要设立海底法庭。其中，国际海洋法法庭对于《联合国海洋法公约》所涉及的争端都具有管辖权，海底法庭作为国际海底管理局的机构之一仅负责海底事务。海底法庭应兼具诉讼管辖权和咨询管辖权，并可以对国际海底管理局的决定做出评论；海底法庭的组成人员由国际海底管理局理事会指定。

最终，经过第三次联合国海洋法大会的讨论，决定将海底法庭合并至国际海洋法法庭，成为海底争端分庭，但是对于妥善处理海底争端分庭与国际海底管理局的关系，则决定采取两个步骤。第一步是由国际海底管理局大会从21名国际海洋法法庭成员中选出11名法官作为海底争端分庭成员；第二步是逐渐淡化国际海底管理局与海底争端分庭的联系，仅由国际海底管理局大会在海底争端分庭的法官选举中提出建议，使国际海底管理局与海底争端分庭成为两个完全独立的机构。

需要说明的是，海底争端分庭虽然最终被并入了国际海洋法法庭，且由同一部《国际海洋法法庭规约》和同一部《国际海洋法法庭规则》来调整，但两者之间却相对独立，仅在人事上存在部分重叠。海底争端分庭的当事方、管辖权、适用法律、程序等方面与国际海洋法法庭都存在着很大的区别。

实际上，国际海洋法法庭的设立有其必然性。首先，海洋争端作为一种国际争端，具有一定的特殊性，由具备专门海洋科学知识和一般国际法知识的法官处理较为妥当。其次，国际法法院在管辖权方面的限制导致了在其之外设立国际海洋法法庭的必要。《国际法院规约》第34条第1款规定："在法院得为诉讼当事国者，限于国家。"因此，国际法院仅受理国家之间的争端，对于涉及自然人和法人乃至国际组织的争端均无管辖权。再次，广大发展中国家对国际法院的不信任也是催生国际海洋法法庭的重要因素。虽然《国际法院规约》第2条明确规定："法庭应由独立法官二十一人组成……法庭作为一个整体，应确保其代表世界各主要法系和公平地区分配。"然而，在1946年选出的15名法庭法官中，有13名来自欧洲，仅有2名分别来自亚洲和非洲。此外，第二次世界大战后很长一段时间，国际法院受理的大多是西方发达国家为原告的案件，诉诸国际法院解决国际争端往往被视为西方国家的专利。加之出于对1963年"北喀麦隆案"、1966年"西南非洲案"等国际法院判决的不满，众多发展中国家对国际法院持消极态度。因此，以77国集团为代表的发展中国家赞成成立新的海洋争端解决机构，加之部分西方国家对国际法院也存有不满，在诸多因素作用下，国际海洋法法庭于1996年8月1日在德国汉堡成立。同年，其取得联合国大会观察员地位，并与联合国缔结了《联合国和国际海洋法法庭合作及关系协定》。

国家海洋法法庭只是《联合国海洋法公约》规定的有拘束力判决的众多强制程序之一。除此之外，缔约国还可以在任何时间以书面形式选择其他争端解决程序，如国际法院、仲裁法庭。因此，国际海洋法法庭在《联合国海洋法公约》的争端解决体系中并不处于核心地位，并非《联合国海洋法公约》这一"海洋宪章"的"宪法法院"。然而，《联合国海洋法公约》却在很多方面体现了对于法庭的重视，尤其是《联合国海洋法公约》第290条关于临时措施和迅速释放的规定，以及赋予国际海底争端分庭对于"区域"内活动的专属管辖权，更使其重要性凸显。

二、三大国际组织的法律地位和作用

（一）大陆架界限委员会

根据《联合国海洋法公约》第76条第8款的规定，只有在委员会建议下划出的200海里以外大陆架外部界限才具有确定性和约束力。法律层面，委员会是沿海国200海里以外大陆架外部界限合法性的决定者。沿海国在委员会正式建议基础上划定的大陆架外部界限具有确定性和拘束力，其200海里以外大陆架外部界限以"委员会建议"的形式获得国际社会公认，具有权威性，主要有以下几个原因。

职能上，委员会作为依据《联合国海洋法公约》规定而设立的专门审议200海里以外大陆架外部界限的机构，本身就代表《联合国海洋法公约》缔约国来行使相关的权利，履行其审议沿海国200海里以外大陆架外部界限的职责。委员会的成立、运行与建议都是基于《联合国海洋法公约》规定，法律职能事实上成为委员会职能的一部分。[①]

人员组成上，委员会是依据"公平地区代表制"，由21名海洋地质、地球物理及水道测量等领域的专家组成。这些委员由《联合国海洋法公约》缔约国从其国民中提名，由联合国大会选举产生，同时委员在履行委员会的职责时不代表国家，而以专家个人身份履行职责，确保了委员会的中立性，保证了委员会建议的公正性。

审议规范上，委员会为推进200海里以外大陆架划界的实施制定和修订了相关的重要技术文件，包括《大陆架界限委员会议事规则》《大陆架界限委员会科学和技术准则》（以下简称《准则》）《大陆架界限委员会内部行为守则》《审议提交大陆架界限委员会的划界案的工作方式》等文件，为沿海国提交200海里以外大陆架外部界限划界案提供了技术和程序保障。[②]这些条款和规定随着外大陆架划界实践的运用，已经逐渐成为委员会和提交外大陆架划界案的沿海国共同遵循的规章制度，保障了审议程序的规范性。

委员会作为根据《联合国海洋法公约》成立的三大国际机构之一，是纳入联合国体系下的，其行为可以归为联合国的行为。联合国具有国际法主体地位，因而委员会也具备了相当于国际法主体的地位，委员会建议也具有一定的法律效力。一方面，委员会通过建议的形式对沿海国的权利主张进行确认或否认，其建议最终会影响沿海国划定大陆架外部界限的法律效果；另一方面，委员会建议直接影响沿海国200海里外大陆架权利的有无和面积的大小，也直接影响沿海国大陆架外部界限的划定是否能获得确定性和拘束力。依照《联合国海洋法公约》第76条第8款的规定，沿海国拥有200海里外大陆架外部界限的最后确定权，但本质上该权利必须以委员会建议为前提和基础，无论沿海国提出何种划界案，最后都必须得到委员会的认可。此外，相关划界案的沿海国也遵守了委

---

① 黄德明，黄哲东.大陆架界限委员会与第三方争端解决机构职务关系问题及其解决建议［J］.西北民族大学学报（哲学社会科学版），2021（1）：87-98.

② 潘军.联合国大陆架界限委员会评析［J］.长春理工大学学报（社会科学版），2012，25（9）：19-21.

员会的建议，迄今为止，没有国家对澳大利亚、新西兰等国在委员会建议基础上确定的外大陆架界限表示反对。

（二）国际海底管理局

海管局是《联合国海洋法公约》缔约国根据《联合国海洋法公约》第十一部分和1994年《执行协定》组织和控制国家管辖范围以外的海床洋底及其底土的活动，特别是管理"区域"内资源的组织。海管局根据《联合国海洋法公约》和1994年《执行协定》与联合国建立工作关系，作为一个自主国际组织而运作。海管局具有国际法律人格以及按照《联合国海洋法公约》执行其职务和实现其宗旨所必要的法律行为能力，具备订立契约、取得和处置动产和不动产、作为法律诉讼当事方等的法律行为能力。根据《国际海底管理局特权和豁免议定书》，在不妨害《联合国海洋法公约》第十一部分第四节G分节和附件四第四十三条分别给予海管局和企业部的法律地位、特权和豁免权的情况下，海管局及其机关、海管局成员代表、海管局官员和为海管局执行任务的专家享有每一缔约国给予的特权和豁免权。同时，海管局的房舍不可侵犯，人权在其房舍和公务车辆上展示其旗帜和徽号；享有财务方面的便利，不受任何国家的财政管制条例的约束等；享有在解决争端方面的特权和豁免权。

1994年，经过海底筹委会的努力，结束了长达12年的发达国家和发展中国家的对于国际海底制度的分歧与对立状态，使《联合国海洋法公约》实现了真正意义上的普遍性，使该项制度重新赢得了国际社会的信心，同时，在对实质性问题的决定进行协商一致方面发挥了重要作用。[1]

海管局是为了维持海底采矿治理结构而设立的重要机构，自正式运作以来，通过召开正式届会对有关问题进行研究和磋商，对一些问题最终达成共识发挥了重要作用。海管局对"区域"内矿物资源进行管理，任何人不能随意开采深海矿藏，目前已签发了多份勘探合同。海管局完成了关于多金属结核、多金属硫化物和富钴结壳等三大资源的勘探规章，目前正在就矿物资源开采问题讨论制定规范开采活动的指导方针和相关规则。[2]当前，海管局更加注重保护海洋物种和环境免受人类活动的影响，用一种比过去更加环保、公正的方式获取可再生革命所需的矿物。但是，当前距离准确理解海管局会

[1] 全建才，毛彬.国际海底管理局十年（1994—2004）［M］.北京：海洋出版社，2005：5。
[2] 龙美诗，罗况闻.《深海采矿》博客：联合国的国际海底管理局是否真的有能力保护我们的海底？［EB/OL］.（2019-11-29）［2023-03-10］.http：//china dialogueocean.net/zh/5/69301/.

如何实施这些规则以及会通过影响评估提出哪些具体要求还很远。2020年，联合国启动了"海洋科学促进可持续发展十年"计划，联合国称未来十年将专门调拨资金增进人类对深海的认识。一些保护团体共同呼吁，在这十年内不要开启海底采矿，从而借助这一计划查明深海海底采矿是否是正确的前进方向。

（三）国际海洋法法庭

目前，具有世界规模的海洋争端解决国际机构主要有三个：国际法院、常设仲裁法院和国际海洋法法庭。国际法院是全球唯一具有一般管辖权的普遍性国际司法机构。相对于国际海洋法法庭，国际法院具有更加悠久的历史。法院具有双重职能：一是依照国际法解决各国向其提交的法律争端，二是就正式认可的联合国机关和专门机构提交的法律问题提供咨询意见。法院在审理海洋争端案件中具有非常丰富的经验，且国家更倾向于将海洋划界案件提交国际法院审理。这是因为法院在受理案件方面的管辖依据更加多样化，而不仅仅依据《联合国海洋法公约》。在这些案件中，既有请求法院指示划界原则的，也有请求法院指出边界走向的，还有请求法院直接划界的。常设仲裁法院是历史最为悠久的国际争端解决机构，为国家、政府间组织、私人主体间的仲裁、调解、事实调查以及其他争端解决程序提供服务。在1946年至1990年间，由于国际法院的设立，导致常设仲裁法院受理的案子比较少。鉴于此，为了鼓励缔约国更多地利用仲裁的方式解决争端，《联合国海洋法公约》采纳了仲裁方式作为强制性的争端解决程序。因此，最近十余年提交国际仲裁的涉海争端案件明显增加，其中就包括菲律宾提交的"南海仲裁案"。国际海洋法法庭则是依据《联合国海洋法公约》第十五部分和附件六所设立的国际司法机构，主要职能是解决由于解释和适用《联合国海洋法公约》条款而产生的争端和问题。

国际海洋法法庭作为根据《联合国海洋法公约》设立的专门处理海洋法争端的常设性国际司法机构，是解决缔约国之间因《联合国海洋法公约》解释和适用而产生的争端的司法程序之一。国际海洋法法庭和国际法院十分相似，甚至法庭的规约和规则就是参照国际法院规约和规则起草的，但是两者之间却存在很多的差异。

从组织上看，国际海洋法法庭是一个由《联合国海洋法公约》创设的专门性的国际司法机构。其开支不像国际法院一样由联合国承担，而是由《联合国海洋法公约》缔约国和海管局负担。国际海洋法法庭的法官数量是21名，其资质必须是海洋法专家。法庭法官的任职并非与国际法院法官一样是专职的。虽然其同样不得执行任何政治或行政的职务，但是关于其他"职业性质之任务"，《国际海洋法法庭规约》仅仅要求其"不得对任何与勘探和开发海洋或海底资源或与海洋或海底的其他商业用途有关的任何企业的任何业务有积极联系或财务利益"。此外，为了保证地域间的公平分配，《国际海洋法法庭规约》明确规定每一个地理区域集团应该有法官至少三人。公平地域分配的原则导致发展中国家法官在法庭中的比例得到了极大的提高。

从管辖权看，在对人管辖权方面，国际海洋法法庭不像国际法院一样仅仅限于国家，缔约国以外的实体也可能成为法庭的诉讼当事方。国际海洋法法庭的诉讼当事方原则上是《联合国海洋法公约》的缔约国，但是，缔约国以外的实体或者个人也可以依据《联合国海洋法公约》第十一部分的规定或者协定将争端案件提交法庭审理。例如，公约的缔约国、海管局及其企业部、缔约国公、私企业或者自然人，在作为有关"区域"内活动的合同的当事各方的情形下，其之间关于该合同的解释或适用的争端可以提交法庭下设的海底争端分庭解决。

在对事管辖权方面，根据《联合国海洋法公约》的规定，国际海洋法法庭对下列几类争端案件有管辖权。第一，有关《联合国海洋法公约》的解释或适用的任何争端。第二，与《联合国海洋法公约》的目的有关的其他国际协定的解释或适用的任何争端。此外，如果与《联合国海洋法公约》的主要事项有关的现行条约的所有缔约国同意，有关这些条约的解释或适用产生的争端也可以提交法庭解决。整体而言，国际海洋法法庭的管辖权仅限于与海洋法有关的争端，其对事的管辖权小于国际法院。但是从另一方面，就海洋法领域的争端而言，许多可以诉诸国际海洋法法庭的案件却不能或者难以诉诸国际法院，尤其是源于"区域"内活动的争端。在这一方面，海底争端分庭既有诉讼管辖权又有咨询管辖权。诉讼管辖权具有排他性和强制性，即对于与"区域"规定或"区域"活动有关的争端，如果争端方无法通过自行选择的和平方法解决，则争端任何一方可将该争端提交海底争端分庭管辖。

另外，《联合国海洋法公约》第292条规定的迅速释放被扣船只和船员的程序是一种新创设的制度，而且国际海洋法法庭在该方面所产生的作用举足轻重。迄今为止，法庭审理的案件大多是船舶争议问题，包括针对船舶的临时措施和迅速释放程序。

《联合国海洋法公约》规定国际海洋法法庭应设立分庭审理案件，其中最重要的是海底争端分庭，其已经在1996年法庭成立的同时建立。法庭还根据需要设立了一些特别分庭，包括简易分庭、渔业争端分庭和海洋环境争端分庭。简易分庭应当事各方的请求，以简易程序审讯和裁判案件；渔业分庭则是负责处理当事各方同意提交的涉及养护和管理海洋生物资源方面的争端；海洋环境分庭则受理当事各方同意提交的与保护和保全海洋环境有关的争端；海底争端分庭虽然属于国际海洋法庭，法官也都是国际海洋法法庭的法官，但是两者在组成、管辖权和适用的法律等方面与法庭都有很大的不同。尤其是在管辖权方面，分庭的管辖权并不在全法庭的监督之下，没有以全法庭的管辖权取代分庭的管辖权。此外，分庭享有不可剥夺的强制管辖权，而全法庭几乎没有这种管辖权。不同于国际海洋法法庭的判决，海底争端分庭的裁决"应以需要在其境内执行的缔约国最高级法院判决或命令的同样执行方式，在该缔约国的领土内执行"（参见《国际海洋法法庭规约》第39条）。依据该规定，虽然国内法院有多种理由拒绝执行仲裁裁决，但是这些限制都不适用于海底争端分庭的裁决。之所以出现这种差异，是因为海底争端分庭的管辖权是国际海底管理局日常工作的一个重要环节，两者之间有着特殊的联系。海底争端分庭最初曾被设计为一个与国际海底管理局相联系的单独法庭，甚至是国际海底管理局的一个机关，其成员由管理局大会选举产生。最终将该机构作为国际海洋法法庭的一个分庭无疑是出于经济上的考虑，但其职能并未因此受到削弱。

第三章

联合国大陆架
界限委员会

3

第一节 ······

组织机构与运行机制

一、机构职能

《联合国海洋法公约》附件二对委员会的构成、委员的选举、任期和费用承担、委员会的职务、小组委员会的组成和职责等做出了规定。依据《联合国海洋法公约》附件二第三条的规定，委员会职务为：① 审议沿海国提出的关于扩展到200海里以外的大陆架外部界限的资料和其他材料；② 按照《联合国海洋法公约》第76条和1980年8月29日第三次联合国海洋法会议通过的《关于使用一种特定方法划定大陆边外缘的谅解声明》，向申请国提出建议；③ 经有关沿海国请求，在编制上述资料时，提供科学和技术咨询意见。

由此来看，委员会主要有以下两个职能。第一，审议职能，即依照《联合国海洋法公约》第76条以及委员会编制的《大陆架界限委员会科学与技术准则》（以下简称"《准则》"）对沿海国提交的200海里以外大陆架外部界限划界案（以下简称"划界案"）进行审议，检验划界案是否符合《联合国海洋法公约》规定的外大陆架标准，200海里以外的范围是否是其陆地领土的水下自然延伸，并依照审议结果对沿海国做出建议。第二，建议职能，即委员会在沿海国编制其外大陆架划界案的过程中，依据沿海国请求，为其提供科学和技术方面的建议，帮助沿海国更准确地理解《联合国海洋法公约》及《准则》规定的科学技术要求，以确定其外大陆架划界范围，也确保划界案能够更好地得到大陆架界限委员会的认同。

虽然沿海国200海里以外大陆架的外部界限是由沿海国自身划定，但要获得国际社会认可，无法避开委员会，因为根据《联合国海洋法公约》第76条第8款，只有在"委员会建议"下划出的界限才具有确定性和约束力。因此，大陆架界限委员会不仅是一个划定200海里以外大陆架的技术机构，还在技术、法律及政治等层次上发挥作用。

技术层面上，委员会是200海里以外大陆架外部界限"技术、程序标准"的制定者和沿海国提供的各种技术数据的审核者。提交划界案具有高度技术复杂性和高难度性。为推进划界实施，委员会开展了一些重要的基础性工作，制定和修订了相关技术文件，为沿海国提交200海里以外大陆架划界案提供了技术和程序保障。①

法律层面上，委员会是沿海国200海里以外大陆架外部界限合法性的决定者。沿海国只有在委员会所提"建议"的基础上划定200海里以外大陆架的外部界限，才具有确定性和拘束力。委员会"合法性""决定者"的地位主要包括以下两方面。一是数据合法性。由委员会来审议沿海国划界案所提交的数据是否符合《联合国海洋法公约》第76条的规定和《准则》的规定。二是申报程序合法性。②《联合国海洋法公约》附件2第4条规定了沿海国提交划界案的程序及时间节点。

政治层面上，委员会是沿海国就200海里以外大陆架外部界限问题"角逐"的"政治舞台"。200海里以外大陆架划界涉及主权权利③，沿海国必定会最大限度地主张自己的利益，委员会也将成为沿海国政治力量角逐的新舞台。

二、审议依据

（一）《联合国海洋法公约》第76条

委员会对各成员国的审议主要依据《联合国海洋法公约》。《联合国海洋法公约》第76条第4款（"公式条款"）规定了沿海国对于200海里以外大陆架可能扩展到的最大范围。该条款规定，200海里外大陆架的边界不应该超过"每一定点上沉积岩厚度不少于从该点到大陆坡脚最短距离的1%的边线"或"离大陆坡脚的距离不超过60海里"。从《联合国海洋法公约》的规定中我们可以看出，两个条件并不需要同时满足，因而沿海国可以选择对自己最有利的条款来划定自己外大陆架的最远范围。第76条第5款（"限制条款"）规定了对大陆架外部边界的限制，沿海国家划定的有效外大陆架边界不能超过领海基线外350海里或者2500米等深线外100海里。同样，《联合国海洋法公约》中也使用了"或"，因此沿海国也可自行选择对自身有利的限制条款。

①②③ 潘军.联合国大陆架界限委员会评析［J］.长春理工大学学报（社会科学版），2012，25（9）：19-21.

沿海国划定外大陆架界限时，应同时满足公式条款和限制条款。第76条第4款的"公式条款"体现的是沿海国外大陆架自然延伸的最远范围。沿海国划定外大陆界限时，首先要符合沉积岩厚度或者坡脚距离的要求之一，以确定其大陆架自然延伸的最远距离。其次还要符合第76条第5款的限制标准，即使满足陆地领土的自然延伸，外大陆架也不是无限制扩展，应当在350海里以内或2500米等深线外100海里以内。对海底洋脊部分只能适用350海里的限制条款。

（二）《关于使用一种特定方法划定大陆边外缘的谅解声明》

《联合国海洋法公约》第76条确定了划定大陆边外缘的方法，除此之外，1980年8月29日第三次联合国海洋法会议还通过了《关于使用一种特定方法划定大陆边外缘的谅解声明》（以下简称"《谅解声明》"）。《谅解声明》对沉积物厚度规则提出修订，采用一种特定方法来划定特殊地理区域的大陆边外缘。

1.《谅解声明》的内容

《谅解声明》作为《最后文件》的附件二，主要由五段话组成，内容较为简短，对声明的产生、适用条件、大陆边外缘新的划定方法、适用范围等进行了说明。

（1）产生原因及适用条件。

"考虑到《联合国海洋法公约》第76条适用于该国大陆边将造成的不公平后果，因为沿着按照该条第4款（a）项（1）和（2）目所许可的最大距离划定的作为大陆边整个外缘的线上的沉积岩，其厚度的算术平均数将不少于3.5公里；而且将有一半以上的大陆边被其排除在外。"

该段表明了《谅解声明》案文产生的原因，即依据《联合国海洋法公约》76条第4款（a）项规定来确定大陆边会对某些特殊地理区域产生不公平后果，突出了《联合国海洋法公约》秉持的公平性原则，而公平原则是大陆架划界的目的。如果依据爱尔兰公式（1%沉积物厚度）和海登堡公式（FOS+60M）来划定特殊地理区域的可允许最大距离的大陆边，由这两条公式线所划定的大陆边外缘线上的沉积岩平均厚度将不少于3.5千米，同时会造成可被提出主权要求的一半以上的地质大陆边被排除在外，可能造成对该地区内国家的不公正性。

"考虑到在下列情形下，一国大陆边的特殊特征：（1）200公尺（米）等深线所在处的平均距离不超过20海里；（2）大陆边沉积岩的大部分位于大陆基之下。"

该段设定了《谅解声明》的适用条件，应用于满足特殊地质和地形条件特征的大陆边，即一国的大陆边需满足以下两个条件：一是200米等深线平均位于不超过20海里的区域，二是大陆边下方沉积岩大部分位于大陆基之下的区域。

（2）大陆边外缘新的划定方法。

"认识到虽有第76条的规定，这种国家可以连接各定点划出长度不超过60海里的直线的方法，划定其大陆边外缘，各定点以经纬度标明，而且各点上的沉积岩厚度不少于1公里。"

该段提出了一种新方法来划定大陆边外缘。为避免适用第76条第4款（a）项所规定的方法划定大陆边外缘所产生的不公平性，可采取一种新方法，即大陆边外缘可以扩展至"沉积岩厚度不少于1公里"的区域，并通过连接各定点划出长度不超过60海里的直线的方法来划定其大陆边外缘。这允许拥有特殊地质条件的国家依据新方法而不是第76条第4款（a）项来扩展其大陆边外缘。

（3）适用范围。

"一国如应用本声明上一段所述方法划定其大陆边外缘，则一个邻国也可以利用这个方法划定其地质特征相同的大陆边外缘，如果该邻国具有这种特征的大陆边外缘是沿着按照第七十六条第4款（a）项（1）（2）目所许可的最大距离划定的线，而在该线上的沉积岩厚度的算术平均数不少于3.5千米。

会议请依据本公约附件二设立的大陆架界限委员会在其就有关孟加拉湾南部国家大陆边外缘的划定问题提出建议时以本声明的规定为依据。"

这两段写明了《谅解声明》适用的地理范围。案文中突出提及孟加拉湾南部国家，但又提出具有"相同地质特征"的邻国也可用该方法划定其大陆边外缘，为《谅解声明》的适用留下伏笔，不仅限于孟加拉湾南部。可见，《谅解声明》产生时，旨在针对斯里兰卡外洋底的地质条件。文件第四段提出邻国可以利用这个方法划定其"地质特征相同"的大陆边外缘，这将《谅解声明》的适用范围扩大至印度东南海域。在第五段中，要求委员会在其就有关"孟加拉湾南部国家"大陆边外缘的划定问题提出建议时以本谅解声明的规定为依据，其适用范围已经扩大至孟加拉湾南部国家，而不仅仅局限于斯里兰卡。

2.《谅解声明》的适用

就《谅解声明》文件本身来讲，在适用条件上，若一国要运用《谅解声明》的方法来划定该国的大陆边外缘，应满足以下几个条件。

（1）200米等深线所处的平均距离不超过20海里。

孟加拉外交部官员Md.Abul Hasan Mridha等人曾就该条件提出疑问：200米等深线的平均距离的定义是什么？平均距离如何计算？从何开始量起？等深线位置和平均距离间的何种变化是被允许的？并得出结论：认为领海基线是量算的起点。也就是说，只要200米等深线大部分位于从领海基线量起20海里以内，就被认为该条件得到满足。（图3-1）

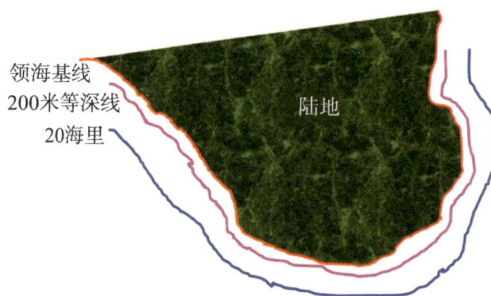

图3-1　200米等深线所在处的平均距离不超过20海里

（2）大部分大陆边沉积岩位于大陆基之下。

该条件说明，大陆边缘陆基下沉积物所占比例大于陆架和陆坡下沉积物所占比例。也就是通过《谅解声明》确定大陆边外缘位置，以陆坡脚为分界点，陆架与陆坡下的沉积物范围小于陆坡脚至大陆边外缘下的沉积物范围。（图3-2）

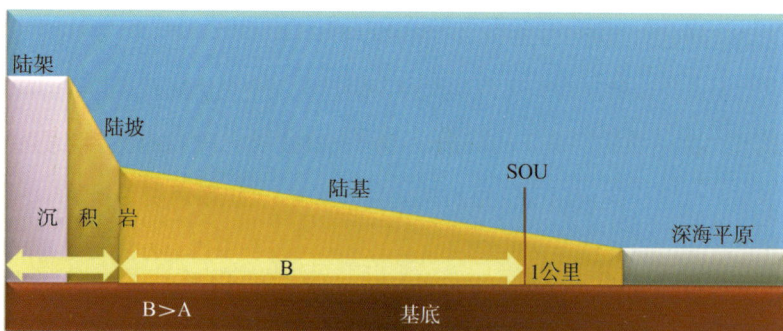

图3-2　大部分大陆边沉积岩位于大陆基之下

（3）依据《联合国海洋法公约》76条第4款（a）项规定来划定具有特殊特征的大陆边，会造成该国的大陆边外缘线上沉积岩厚度的算术平均数将不少于3.5千米。

依据爱尔兰公式（1%沉积物厚度）和海登堡公式（FOS+60M）来划定特殊地理区域的可允许最大距离的大陆边，其外缘线上的沉积岩平均厚度不少于3.5千米。同样对于该条件，Md.Abul Hasan Mridha等人提出：爱尔兰公式线上的平均沉积物厚度，是否需要整条线都满足？如果是部分满足，那么会给少于3.5千米的地方带来什么影响？

从该段内容本身来讲，是要求大陆边外缘上沉积岩厚度的算术平均数不少于3.5千米，并没有要求全都满足爱尔兰公式线上的平均沉积物厚度。因为依据76条第4款（a）项所划定的大陆边外缘是爱尔兰公式线和海登堡公式线的外部包络线，但如果海登堡公式对外大陆架没有任何贡献，坡脚点外推60海里线都在沿海国的200米线内，那么该区域依据76条确定的大陆边外缘就是爱尔兰公式线，本着从严解释的态度，应该要求爱尔兰公式线整条线上的平均沉积物厚度都不少于3.5千米。如果部分满足，会给少于3.5千米的地方带来何种影响，目前还有待具体案例的支撑研究，暂不明确。

（4）依据《联合国海洋法公约》76条第4款（a）项规定的方法来划定特殊区域的大陆边，将导致实际上有一半以上的地质学上的大陆边被排除在外。

依据爱尔兰公式（1%沉积物厚度）和海登堡公式（FOS+60M）来划定特殊地理区域的可允许最大距离的大陆边，会造成可被提出主权要求的一半以上的地质大陆边被排除在外。（图3-3）

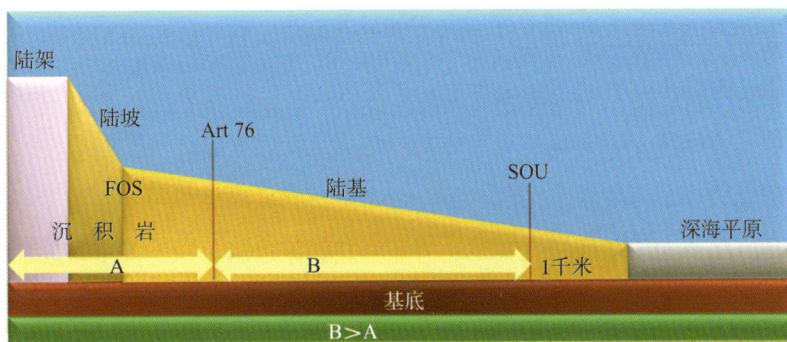

图3-3　依据《联合国海洋法公约》76条第4款（a）项规定划定的特殊特征区域的大陆边，
实际将有一半以上的地质大陆边被其排除在外

（5）满足（1）（2）项规定的国家，可采用一种新方法来划定大陆边外缘。

在第三次联合国海洋法大会第八期会议（1979年）上，斯里兰卡最初的提案内容是：在某国沿着按照该条款规定所许可的最大距离划定的作为大陆边整个外缘的线上的沉积岩，其厚度的数学平均值不少于3.5千米，而且将有一半以上的大陆边被其排除在外的情况下，按照第6款规定并用每一点的沉积岩厚度不少于0.8千米的最外部固定连线划定界限。也就是最初要求的定点的沉积岩厚度是不少于0.8千米，经与其他代表团磋商以及大会审议后演变为定点的沉积岩厚度不少于1千米。

也就是说，为避免适用第76条第4款（a）项所规定的方法划定大陆边外缘所产生的不公平性，对于特殊特征区域，可采取这种新方法，即大陆边外缘可以扩展至"沉积岩厚度不少于1公里"的区域，并通过连接各定点划出长度不超过60海里的直线的方法来划定其大陆边外缘。这允许拥有特殊地质条件的国家依据新方法而不是第76条第4款（a）项来扩展其大陆边外缘。

（6）具有这种特殊特征的国家都可用上述新方法来划定其大陆边外缘。即如一国可依此方法划定其大陆边外缘，则其邻国也可用此方法划定具有相同地质特征的大陆边外缘。

对该段，Md.Abul Hasan Mridha等人曾提出疑问：① 具有共同地质特征的邻国适用《谅解声明》来确定扩展大陆架的范围，是需要邻国也满足《谅解声明》的条件，还是如一国已符合《谅解声明》的条件，暗示了其邻国也满足这些条件；②《谅解声明》的适用范围是否可扩展至其他具有同样边缘特征或相似地理环境的地区，如该地区被证明应用76条也会产生不公平的后果，例如阿拉伯海和阿拉斯加湾。

在邻国这一条件上，该项明确了具有相同地质特征的邻国可以应用新方法，也就是应用《谅解声明》方法来划定大陆边外缘。但邻国满足《谅解声明》的条件是否是沿海国适用《谅解声明》的必要条件之一，是否需要适用《谅解声明》的沿海国来证明，还是如一国已符合《谅解声明》的条件暗示了其邻国也满足这些条件，文件本身并没有明确说明。在笔者看来，这一条件突出需要满足的是邻国与适用《谅解声明》的沿海国具有相同地质特征，也就是还需证明其邻国也满足以下几个条件：① 200米等深线所处的平均距离不超过20海里；② 大陆边沉积岩的大部分位于大陆基之下；③ 沿着按照76条第4款（a）项（1）和（2）所许可的最大距离划定的作为大陆边整个外缘的线上的沉积岩，其厚度的算术平均数将不少于3.5千米；④ 有一半以上的大陆边被其排除在外。

（三）《大陆架界限委员会科学与技术准则》

除《联合国海洋法公约》第76条的基本规定外，大陆架界限委员会为进一步明确审议划界案时可接受的科学和技术证据的范围和深度，以符合《联合国海洋法公约》和国际法的方式制定了《准则》。《准则》一方面对《联合国海洋法公约》的条款进行科学和技术解释，另一方面也对沿海国可以采用的测量技术进行一定的列举。此外《准则》中也强调其无意包括各沿海国在编制划界案的过程中可能采用的一切方法。

首先，《准则》进一步明确了《联合国海洋法公约》第76条第4款公式条款和第5款限制条款中所规定的要求都是各自采用相容析取的方式联系在一起。即公式条款中，大陆架界限可以扩展到参照各定点划在1%沉积岩厚度处的线，也可以扩展到参照各定点距离坡脚60海里之外处的线，或者两条兼用。在限制条款中，沿海国同样可以根据自身利益的最大化选择适用350海里的限制或者2500米等深线外100海里的界限，或者两者兼用。在限制条款中《准则》还进一步明确，对于海底洋脊的外部界限不应超过从领海宽度的基线算起350海里，大陆边自然构成部分的海隆、海台、暗滩和海底高地则不受此条的限制，依照第76条第5款限制条款的规定可采用两方面的限制要求。

其次，《准则》进一步明确解释了领海基线、2500米等深线、坡脚、沉积岩厚度等基本术语，并规定了委员会认可的测量方式。例如，委员会将单波束回声数据和多波束回声数据作为确定2500米等深线的主要证据来源，其他由测探和侧扫干扰声呐测量和地震反射得出的测探数据作为一般补充证据。委员会将坡地变动最大之点确定为大陆架坡脚定位一般性的规定，沿海国同样以测量2500米等深线的方式对大陆坡坡底区域及其变动最大处的位置进行测量和统计，形成数据递交给委员会。

再次，《准则》还规定对于"海底高地""洋脊""海底洋脊"之间的区别不应根据地图和海图及其他有关文献所采用的地理名称和地名加以区分。"洋脊"在《联合国海洋法公约》的规定中不属于大陆架的范围，"海底洋脊"虽然属于大陆架的范围，但是其只能适用不超过领海基线350海里的限制性条款，而"海底高地"与两者都不相同，属于大陆边自然构成。委员会认为由于《联合国海洋法公约》对于相关概念的规定并不明确，且脊的形成和发展都具有多元性，难以一概确定，因而对于"洋脊"和"海底洋脊"的区分应当依照个案确定，即依照每个沿海国提出的划界案中的不同情况进行确定。

从《准则》的规定中可以看出，《准则》是以《联合国海洋法公约》为基础，并对《联合国海洋法公约》规定的术语和测量方式加以细化和解释的文件，为沿海国划定外大陆架界限的划界案提供技术指导，同时也进一步细化明确了大陆架界限委员会审议划界案的标准。

三、审议规则及议事程序

首先，根据《联合国海洋法公约》附件二第4条的规定，划界案申请国按照《联合国海洋法公约》第76条的规定来划定沿海国200海里以外大陆架外部界限，并将与划界案相关的科学和技术资料提交委员会。这份材料中须包括执行摘要、主要案文、支持本国划界案的科学和技术数据三个部分。

其次，申请案经由委员会秘书长提交给委员会后，秘书长应该将该划界申请记录在案，并迅速通知委员会和联合国的所有成员国。

再次，根据《联合国海洋法公约》第76条第9款的规定，沿海国应将永久标明其大陆架外部界限的海图和有关情报，包括大地基准点，交存于联合国秘书长。之后，秘书长将这些情报妥为公布。实际上，因涉及保密问题，秘书长向国际社会妥为公布的内容可以只是申请中的执行摘要。

最后，在向成员国公布完划界案执行摘要后，委员会应将该划界案列入下次会议议程，以继续讨论和审议沿海国的划界案。委员会完成以上全部对划界案的审议工作后，对该划界案提出"建议"。因为某些划界案可能涉及与其他沿海国的争端，而根据《联合国海洋法公约》第76条第10款的规定："本条的规定不妨害海岸相向或相邻国家间大陆架界限划定的问题。"这就要求委员会在决定对沿海国的划界案审议之前考虑其他沿海国的态度，如果其他沿海国对该划界案提出反对意见或者提出对相同海域内外大陆架拥有主权权利，委员会将推迟或者不审议该划界案。

如果委员会决定审议一国划界案，则按具体程序执行：首先是形式审议，一是检验申请国提交的科学和技术材料是否符合划定外大陆架界限的标准，二是其他沿海国是否提出反对委员会审议该划界案的意见。如相关材料符合标准且未有反对意见，则进入实质审议阶段。委员会组建小组委员会继续审议该划界案的科学和技术材料，根据《联合国海洋法公约》附件二第5条的规定，"由七名委员组成的小组委员会执行职务，小组委员会委员应以平衡方式予以任命，同时考虑到沿海国提出的每一划界案的具体因素"。小组委员会在《准则》的指导下，对申请国的划界申请进行科学技术评价，在充分讨论的基础上提出初步建议，然后将该初步建议再提交给大陆架界限委员会，以促进委员会做出最终建议。

只有当划界案申请国的外大陆架满足以下实质科学条件时，委员会才做出划界建议。

第一，从属权利检验。检验沿海国所申请的外大陆架区域是否是一国陆地领土的自然延伸，是否可以延伸至200海里以外。

第二，确定大陆边外缘。根据《联合国海洋法公约》第76条第4款的规定："沿海国应以下列两种方式之一，划定大陆边的外缘：以最外各定点为准划定界线，每一定点上沉积岩的厚度至少为从该点至大陆坡脚最短距离的1%；或者，以离大陆坡脚的距离不超过60海里的各定点准划定界线。"

第三，确定其外部界限是否满足限制线的规定。根据《联合国海洋法公约》第76条第5款的规定："组成按照第4款（a）项（1）和（2）目划定的大陆架在海床上的外部界线的各定点，不当超过从测算领海宽度的基线量起三百五十海里，或不应超过连接二千五百公尺深度各点的二千五百公尺等深线一百海里。"

第四，《准则》第2.2.8段规定："如果在距离大陆坡脚六十海里之处划的线，或者在沉积岩的厚度至少等于线上各点离坡脚的最短距离的百分之一之处划的线，或者这两种线都一样，从测算领海宽度的基线量起超过二百海里，则沿海国就有权根据第七十六条第4款至第10款中的规定划定大陆架的外部界限。"

第二节

外大陆架划界现状及相关争议问题

一、外大陆架划界现状

　　根据《联合国海洋法公约》附件二第4条的有关规定："按照第76条划定沿海国二百海里以外大陆架外部界限的沿海国，应将这种界限的详细材料连同支持这种界限的科学和技术资料，尽早提交委员会，而且无论如何应于本公约对该国生效后十年内提出。"2001年12月俄罗斯联邦政府向联合国秘书长和大陆架界限委员会提交了俄罗斯200海里以外大陆架划界案，这是委员会收到的第一个划界案。对俄罗斯申请案的审议表明《联合国海洋法公约》的实施已经进入一个新的历史时期，委员会对第一个划界案的审议推动了外大陆架的申请工作，众多沿海国和岛屿国都在积极准备自己的200海里以外的大陆架划界案，向联合国秘书长提出自己的大陆架主张。[①]

　　自2001年大陆架界限委员会收到第一个沿海国划界案——俄罗斯划界案以来，截止到2023年11月30日，委员会共收到93个大陆架外部界限正式划界案，11个修正划界案，48个划界案初步信息。目前已完成对俄罗斯、巴西、爱尔兰、新西兰、澳大利亚、挪威、英法爱西四国联合划界案、墨西哥、法国、英国、巴巴多斯、印度尼西亚、日本、菲律宾、毛里求斯和塞舌尔联合划界案、苏里南、法国安的列斯群岛和凯尔盖朗群岛、加纳、丹麦法罗群岛、巴基斯坦、阿根廷、冰岛等31个划界案以及俄罗斯鄂克次克海、巴西南部、巴巴多斯、阿根廷等6个修订划界案的审议。

---

① 黄德明，黄哲东.大陆架界限委员会与第三方争端解决机构职务关系问题及其解决建议［J］.西北民族大学学报（哲学社会科学版），2021（1）：87-98.

二、大陆架外部界限划定实践中的争议问题

（一）洋脊条款的应用

由于《联合国海洋法公约》第76条术语的不精确性（海底高地、海底洋脊和深洋洋脊呈现出定义的不确定性）以及《准则》的措辞不具体，各沿海国需要自己评估在划界案中所援用的涉及洋脊的规定是否合理。因涉及巨大的经济利益，部分沿海国为最大限度地争取和扩展大陆架范围，使本国的海洋权益最大化，对洋脊条款的运用有扩大化解释的趋势。

（二）《谅解声明》的适用

通过技术手段划定大陆边外缘是确定外部界限的前提。相关沿海国只有确定其陆地领土的水下自然延伸就是大陆边外缘超出200海里，才有权拥有200海里以外大陆架。《联合国海洋法公约》第76条第4款（a）项和《谅解声明》均规定了划定大陆边外缘的方法。当某一特殊地理区域适用《联合国海洋法公约》第76条的规定可能无法确定出大陆边外缘或者是所划定的大陆边外缘位于200海里以内，为保证公平，可以使用一种特定方法——《谅解声明》来划定该特殊地理区域的大陆边外缘。从目前的国家实践来看，由于委员会未对《谅解声明》的适用条件和范围做出正式的解释和说明，加之部分沿海国对《谅解声明》的解释和适用存在分歧，因而相关国家对《谅解声明》的适用存在分歧。

（三）委员会建议的效力问题

在目前已完成的37个（其中6个修订案）划界案中，附有建议并交存联合国的仅有12个，占总数的32%。而除开日本部分遵守委员会建议的情况，真正按照委员会建议划定的划界案仅有11个。大部分沿海国都未明确表态是否接受委员会建议，那么委员会的建议是否就是该沿海国外大陆架的最终界限？委员会的建议是仅仅具有建议性，还是具有法律效力？《联合国海洋法公约》第76条第8段只提到"委员会应就有关划定大陆架外部界限的事项向沿海国提出建议，沿海国在这些建议的基础上划定的大陆架界限应有确定性和拘束力"。该条内容比较概括和简单，没有对建议的性质和效力做任何说明，同时《联合国海洋法公约》也未明文规定沿海国的默认是否构成既定事实，也未对沿海国接受建议有明确的时间限制。委员会建议公布后，大部分沿海国未就200海里以外大陆架外部界限问题及时公开表态，使得委员会建议的具体实现并不明朗，因而导致目前国际社会对委员会建议的法律效力存疑。

第三节
洋脊条款适用问题研究

一、洋脊条款对外大陆架划界的影响

（一）《联合国海洋法公约》洋脊条款概述

"洋脊"一词本来是自然科学概念，是地形地貌用语，表示海底地形特征。但在《联合国海洋法公约》中，出于对大陆架扩展问题的限制，定义了"洋脊"条款，分别出现在第76条第3款、第6款中。根据《联合国海洋法公约》规定，不同类型的"洋脊"有着不同的大陆架主张范围，其已与一国拥有主权权利的海洋政治边界相联系，从这个意义上来看，《联合国海洋法公约》中的"洋脊"一词已经具有法律意义。因而，《联合国海洋法公约》第76条所出现的三种不同的"洋脊"——"深洋洋脊""海底洋脊"和"海底高地"，虽然来源于科学概念，但既然成为《联合国海洋法公约》的一部分，对其适用和解释就应该遵循条约的国际法规则，其作为法律用语，应有不同的法律地位和权限。

第76条第3款指出，大陆边不包括深洋洋底及其洋脊，也不包括其底土。这表明，深洋洋脊不能用来作为大陆架扩展至200海里以外的基础。第76条第6款是对第5款关于海底洋脊问题适用的限制，该款规定，尽管有第5款规定的方法，"在海底洋脊上的大陆架外部界限不应超过从测算领海宽度的基线量起三百五十海里"。其结果是，沿海国在海底洋脊上不能采用深度限制线的标准（2500米等深线以外100海里）来扩展大陆架外部界限。这一限制不适用于"作为大陆边自然构成部分的海台、海隆、海峰、暗滩和坡尖等海底高地"。第6款没有直接提出"海底洋脊"一词的意义，但它把"海底洋脊"同"大陆边自然构成部分的海底高地"区分开。这种区别，连同参考第3款对深洋洋底的洋脊的规定，都体现出《联合国海洋法公约》的目的，可以把海底洋脊描述为沿海国

陆地领土自然延伸的一部分，但并非是大陆边的自然构成部分。洋脊可以分为两类：一是起源于大陆边、向深海海底区域延伸的洋脊；二是不与大陆连接的、支撑岛链的海底洋脊。①

但需要指出的是，第6款所列举的海底高地，包括海台、海隆、海峰、暗滩和坡尖等，只是举例说明，并没有穷尽其内容。而且这些命名多反映的是地形形态，而不是其地质来源或构成。因为指导海底地形命名的原则之一是该地形的名称只描述了其地形形态，而不是其地质来源或构成，而且许多地理实体早在认识其地质特征之前就已经命名了。例如，洋脊、海隆、海山等名称，可以对一些深洋洋底部分的海底地形命名，也可对作为大陆边一部分的其他地形进行命名。而大陆边和深洋洋底在地质来源和构成方面有很大的不同，这一事实使得以海底地形特征为基础的大陆架的扩展变得复杂。然而，不论对一个地理实体如何命名——洋脊、高原、海隆或其他名称——如果能够体现是大陆边的自然构成部分，那么第6款第2句的规定不适用于350海里的规定。②《准则》中也指出，"海底高地"与"海底洋脊"或"洋脊"之间的区别，不应根据绘编出版的地图和海图及其他有关文献所采用的地理名称和地名来加以区分。

因而当沿海国的大陆架划界问题涉及洋脊时，可能会因为类型问题而产生争议，即洋脊属于"深洋洋脊""海底洋脊"还是"海底高地"，就采用何种标准来限制大陆架的延伸范围，因为这三者的最大外部界限受不同的规定限制。综合第3款和第6款的规定可以看出，若为深洋洋脊，则不能成为大陆边缘的构成部分，各国大陆架外部界限限定在200海里；若为海底洋脊，则大陆架外部界限不应超过350海里；若是大陆边缘自然构成部分的海底高地，则大陆架外界限可采用2500米等深线外100海里的限制线。即①深洋洋脊［第76条第（3）款］，最远可划至200海里；②海底洋脊［第76条第（6）款］，最远可划至350海里；③海底高地［第76条第（6）款］，最远可划至2500米等深线外100海里。

（二）洋脊类型的区分

《联合国海洋法公约》中对洋脊类型的认定涉及沿海国大陆架范围的确定，作为《联合国海洋法公约》的术语，其已然是法律词汇。但为了《联合国海洋法公约》第

---

①② 〔斐济〕萨切雅·南丹，〔以〕沙卜泰·罗森.1982年《联合国海洋法公约》评注：第二卷［M］.吕文正，毛彬，译.北京：海洋出版社，2014：790-792，793.

76条的目的，洋脊的区分应该根据科学证据做出，同时考虑《准则》的有关规定。也就是说，要判断洋脊具体属于哪一类，还需要深入开展地貌和地质研究，考虑其地貌特征和地质成因。

《准则》定义了与《联合国海洋法公约》第76条相关的洋脊类型，多达8种，取决于它们形成的地质过程。同时也指出由于海底构造情况的差异，对洋脊做出的这一分类并非详尽无遗。即使由玄武岩构成的洋脊可以视为大洋地壳里的脊，但存在这种洋脊侵入大陆边缘的情况，因此对洋脊类型的确定造成困难。考虑到有关洋脊类型判别的复杂性，委员会认为有关洋脊问题应逐案审理。但不管如何处理，都必须做到不但考虑其地质结构，而且还要考虑其形态，即研究脊与大陆边的关系和脊的连续性。

由于《联合国海洋法公约》对与洋脊相关的术语（海底高地、海底洋脊和深洋洋脊）定义的模糊性，以及"脊"形成原因的复杂性，造成实际运用中的困难，有关学者也对这一问题开展了研究。

国际法协会的外大陆架法律问题委员会的成员Nuno Sérgio Marques Antunes就如何区分三类洋脊提出建议，其主要观点如下。

考虑到第76条第1、3和6款，可以提出下列定义：①"海底高地"是大陆边的自然组成部分，因此当然是陆地领土在水下的自然延伸的组成部分；②"海底洋脊"不是大陆边的自然组成部分，但却是陆地领土在水下的自然延伸的组成部分；③"深洋洋脊"既不是大陆边的自然组成部分，也不是陆地领土在水下的自然延伸的组成部分。

上述区分使用的是典型的法律语言，反映了相关法律规定的内容。由于实施第76条需要诉诸科学技术数据，因此上述定义可转化为科学的语言：①"海底高地"通常是由陆壳构成的，是地貌大陆边的组成部分，该定义有一个双重性的要求：与地质大陆边的地质连续性（或有联系），以及地貌连续性；②"海底洋脊"可以通过下列方式与"海底高地"相区别：它们原则上是由洋壳构成的（但它们也可能部分由混合物质构成，这反映了它们的复杂起源），对这类脊，只有一个相关要求，即地貌连续性；③"深洋洋脊"是无法被视为领土自然延伸的海底上的高地，它们在地貌和地质上都完全与陆块相分离。

委员会中的澳大利亚籍委员Symonds等人根据脊形成的构造背景，将脊分为：①离散构造背景下的扩张洋脊、断裂带洋脊、微大陆、大洋海台和热点洋脊；②汇聚构造背景下的汇聚洋脊和增生洋脊，并将增生洋脊又细分为岛弧型、残留弧型、热点遗迹型、断裂带洋脊型和扩张洋脊型5种增生洋脊，并认为以下几类洋脊类型与外大陆架划界关系密切。第一，扩张洋中脊是板块分离、地幔岩浆上涌、侵入和喷发形成的。大洋中脊的地形因扩张速率不同有差异，在快速扩张脊，如东太平洋海隆，扩张脊轴部较两侧高出；而在慢速扩张脊，如西南印度洋脊，脊的轴部形成洋中脊裂谷。第二，作为海底扩展的一个固有过程沿转换断层形成的转换脊，与洋中脊同期形成。由于海底扩张过程中板块不同部位扩张速度不一致，垂直于扩张脊形成断层，沿转换断层形成槽谷与崖壁——转换脊。第三，构造活动导致海洋地壳上升而形成的构造脊。第四，热点上地壳运动引起的火山活动形成的海底高地形为热点脊。第五，因异常热地幔柱致使区域性火山活动过于频繁而形成的脊，即大岩浆省（LIP）成因的高原，也是地幔柱形成。但与热点脊不同的是，这类海底高原是地幔柱巨大的"蘑菇"状顶冠到达地表，岩浆侵入和喷发形成体积巨大的以基性岩为主的岩体。第六，与活动板块边界和岛弧系形成有关的脊，即洋内弧。汇聚板块边界上洋壳和洋壳相互碰撞可形成洋内弧，洋内弧在板块俯冲的拉张作用下分裂成残留弧和活动弧，并在残留弧和活动弧之间形成弧后盆地。第七，大陆地壳断裂（延伸和变薄）形成微大陆。微大陆是板块分离过程中产生的大陆碎块，其四周为洋盆。有的微大陆大部分没入水中，个别高点露出海面形成岛屿。

Tomasz探讨了明确这三种类型的定义解释和历史解释两种方法。

定义解释。国际水道测量组织对"深洋洋脊"的定义为：深洋底具有不规则或平缓地貌且陡峭两翼的长高地；"海底洋脊"被定义为："一个狭长的海底隆起，地形或崎岖或平坦，两边陡峭，构成陆地领土的自然延伸。""海底高地"一直没有被纳入任何海洋词典或法律字典。《联合国海洋法公约》第76条第6款指出"海底高地"为"大陆边的自然组成部分，比如海台、海隆、海峰、暗滩和坡尖"。国际水道测量组织定义"海峰"为："顶上圆形如帽子般的地理实体。也定义为大片面积的高原或平坦地区，其中一边或多边突然下降。""暗滩"为："位于大陆架（或岛屿架）上的海床上的高地，其上覆水域深度较浅。""海隆"为："从海底缓慢而通常平稳隆起的宽阔高地。""海台"为："在相当大区域范围内平坦或接近平坦的高地，但是在一个或多个侧边突然急速陡峭。""坡尖"为："从较大地理实体上突出的次一级高地、洋脊或海基。"[①]

仅仅从形态学的定义来看海底高地、海底洋脊、深洋洋脊，并不能明确区分开。委员会提出了关于海底高地的地质成因解释：① 就活动大陆边而言，来自海洋、岛弧或

---

① 国际海道测量组织，国际大地测量协会.1982《联合国海洋法公约》技术手册［M］.公衍芬，张建辉，毕文璐，译.北京：海洋出版社，2020.

大陆的沉积物和地壳物质增生在大陆边是大陆生长的一个自然过程，因此，任何增生在大陆边上的地壳碎块或沉积锲均应视为该大陆边的自然构成部分。② 就被动大陆边而言，海底扩张使大陆分离之前大陆碎裂的自然过程涉及大陆地壳的减薄、拉张和断裂以及岩浆大量侵入该地壳和穿过该地壳大量喷发，这一过程促进了大陆生长，因此，由这一碎裂过程造成的任何海底高地应被视为大陆边的自然构成部分，这些高地构成陆块延伸的组成部分。

但是仅仅从定义标准来看，这三者之间的区别仍不明确。

从《联合国海洋法公约》第76条的起草历史看，其目的是为了将"深洋洋脊""海底洋脊"与"大陆边自然构成部分海底高地"区分开。设立"海底洋脊"的概念意在处理洋中脊上有岛屿的情况，苏联提出为海底洋脊设立350海里边界，防止洋中脊上的岛屿沿着大洋中脊的大陆坡脚过度延伸。第三次联合国海洋法会议第六磋商组（NG6）主席综合各代表团提出的关于洋脊问题的提案最终形成了第76条第3款和第6款，其本意是限制大陆架沿着洋脊过度延伸，尤其是在岛屿陆块位于洋脊之上的情况下。

二、外大陆架划界中运用洋脊条款的划界实践研究

近20年来，随着洋中脊地区具有重要经济价值的热液硫化物矿床和生物基因资源被不断发现，洋中脊地区成了各沿海国大陆架争夺的一个热点。相关沿海国利用洋脊条款可以大大扩展200海里以外大陆架的外部界限，因而洋脊已经逐渐成为外大陆架划界中的一个热点问题。截至目前，各沿海国已经正式提交了104个划界案，其中与各类洋脊有关的有60余个。在委员会已经完成审议的37个划界案（包括6个修订案）中，涉及洋脊问题的占一半以上。

（一）英国阿森松岛划界案

英国于2008年5月9日向联合国大陆架界限委员会提交了阿森松岛地区的外大陆架划界案。阿森松岛是位于南大西洋洋中脊上的英国海外领地，全境包括一座主岛以及若干附属礁岩。对英国阿森松岛的审议贯穿了委员会第22届会议至第25届会议。在第23届会议上，委员会成立小组委员会审议该划界案，在第25届会议上通过建议。英国代表团在对该划界案的陈述中指出，由于阿森松岛拥有在该岛上工作和生活的人员从事经济活动的长期和持续的历史，符合《联合国海洋法公约》第121条关于专属经济区和大陆架的规定。

阿森松岛是大西洋洋中脊中央裂谷向西约90千米处的火山型海山，位于阿森松断裂带和佛得角断裂带的大西洋洋底。鉴于《联合国海洋法公约》第76条对于深洋洋脊、海底洋脊与海底高地的特别关注以及阿森松岛位于大西洋洋中脊侧翼西部的事实，在审查英国确定阿森松岛超过200海里大陆架外部界限权利期间，委员会就阿森松岛大陆坡底的位置进行了深入的审议。①

英国认为，阿森松岛没入水下陆块的超过200海里的自然延伸，是法律意义上的大陆边外缘，这部分大西洋中脊应被认定为海底洋脊，主张阿森松岛的外大陆架权利。此外，英国还认为，阿森松岛作为一个岛屿，显然不能被当成深洋洋底的一部分，同样，大西洋洋中脊的相关部分也不是深洋洋底的一部分，并认为阿森松岛是大西洋整体组成的一部分并且其自然延伸到大西洋和其中脊。英国认为整个大西洋洋中脊是海底扩张形成的，属于海底洋脊，并将整个洋中脊作为阿森松岛的大陆架自然延伸，认为阿森松岛的大陆坡脚位于大西洋中脊边缘与深海盆的边界，利用坡脚线外延60海里的公式线和350海里限制线将其大陆架的外部界限扩展到350海里。

委员会认为，远离岛屿陆块及与之相关、离散的海底高地、大西洋中脊和毗邻大洋盆地部分均属于大西洋洋底的一部分。这些广阔区域海底地壳由大西洋中脊沿轴部扩张产生，在区域规模、坡度和组成上非常一致，但是被复杂地形叠加，高差幅度达到数百米。委员会认可处于深洋洋底的岛屿具有大陆边缘和大陆架，然而当岛屿连于洋脊时便出现了问题：洋脊哪些部分属于深洋洋底，哪些部分属于岛屿的大陆边？此类岛屿是否具有200海里以外大陆架的权利，取决于岛屿基部和大陆坡脚的位置是否位于从领海基线量起的140海里之外，这使得利用60海里距离公式建立的大陆边外缘超过200海里。像阿森松这样小的大洋岛屿周围必须有高于离散的深洋高地。反之，这种离散的深洋高地必须构成充足的大陆边延伸区域，并且位于200海里线以外。委员会认为英国提交的数据不能证明此种情形。

英国将裂谷扩张轴和深部相关的断裂带作为阿森松岛大陆坡的一部分。然而，委员会认为，大洋扩张结构是深洋洋底正常组成部分，只能在以下情况构成岛屿陆块大陆坡——此结构从岛屿底部上升从而构成离散海底高地的一部分。这不符阿森松岛的情况，因为其火山体形态是不与任何离散海底高地相连的。

---

① 吕文正，王丹维. 沿海国200海里以外大陆架外部界限划界案大陆架界限委员会建议评注：第一卷［M］. 北京：海洋出版社，2014：173-174，174，176.

委员会认为阿森松岛地壳结构不同于周围由正常洋壳组成的洋底。阿森松岛火山体直接位于深洋洋底之上，大陆坡底位置位于火山体底部，不在中央裂谷或大西洋中脊断裂带之内。基于阿森松岛划界案所提交的科学与技术文件，委员会认为，这些大陆坡脚点不能组成阿森松岛地区大陆边外缘的基础，委员会不同意英国所采用的方法来确定阿森松岛相关大陆坡底，特别是大陆坡脚的位置。因此，阿森松岛的大陆坡脚应只能到该岛所在海山坡底的坡度变动最大处，而不是洋中脊的基部，认为英阿森松岛大陆架扩展距离不应超过200海里。

英国阿森松岛外大陆架划界案是委员会审议的第一个涉及位于大洋中脊的岛屿大陆架划界案，因此委员会关于该案建议所确定和运用的原则对其他相似划界案的审议具有重要的指导意义。委员会确认大洋中脊是《联合国海洋法公约》第76条第3款所指的深洋底的组成部分，阿森松岛不具有延伸200海里以外大陆架的权利。①

（二）冰岛划界案

2009年4月29日，冰岛向大陆架界限委员会提交了海神海盆区和雷克洋脊的西部与南部区的部分划界案。冰岛在划界案中表明，依据雷克洋脊的地貌特征和地球化学数据显示，该脊是冰岛大陆边缘的自然组成部分——"海底高地"，并以此为依据确定其可使用2500米外100海里的深度限制线规则，最远可延伸至冰岛领海基线外约700海里。

2016年3月10日，委员会公布了关于冰岛划界案的建议摘要，对雷克洋脊提出相关建议：委员会不接受冰岛划界案将雷克洋脊作为冰岛大陆的自然组成部分——"海底高地"的主张，认为雷克洋脊是洋中脊海底扩张形成的，是北大西洋中脊的一部分，不是冰岛大陆地块的自然组成部分，雷克洋脊只能作为"海底洋脊"处理，其延伸距离不应超过350海里。

三、分析与思考

涉及"深洋洋脊""海底洋脊""海底高地"的具体认定非常复杂，《联合国海洋法公约》第76条只规定了三类脊的大陆架权利，但没有对三种脊进行准确定义或明确判

---

① 吕文正，王丹维. 沿海国200海里以外大陆架外部界限划界案大陆架界限委员会建议评注：第一卷［M］. 北京：海洋出版社，2014：173-174，174，176.

别方法。这种看似逻辑清晰但在实际应用过程中可操作性不明确的法律条款，为委员会的工作带来了困难，同时，也为沿海国争取更大的大陆架范围带来了机会。在判断脊属于法律意义上的哪种海底高地形时，首先要和洋脊条款制定的初衷保持一致，其次也要考虑脊的地质特征和成因等。《联合国海洋法公约》第76条所指的三种脊，其本身就是在不同地质过程和构造环境中形成的，它们同时包含法律和科学的意义。因此，在联合国的许多文件如《大陆架定义》《准则》中，都提到脊的地质特征和形成过程。委员会也认为，在有关脊的问题上，应基于科学和法律考虑因素。

综合洋脊条款的产生历史和学者的研究可以看出：① 海底高地和海底洋脊均可能有着水下延伸的海底特征；② 海底高地与海底洋脊之间存在着地质差异，但目前辨别的标准仍不完全清楚，毫无疑问的是，纯粹的沉积（包括大陆和海洋起源）特征是海底高地，而海底洋脊完全是由海洋地壳的地质过程形成的；③ 在辨别这三类脊时，不仅要看《联合国海洋法公约》的规定，更应该重视条款的形成历史，因为它反映了条款制定者的意图；④ 沿海国家大陆边缘的范围（即该国大陆的水下延伸）是通过测量依据第76条第4款的规定确定的大陆坡脚确定的，位于大陆边缘外缘以外的海底高地形，被视为第76条第3款意义上的"深海底及其洋脊"的一部分；⑤ 这三类脊的区分应根据其地质特征及其与沿海国大陆在形态上的连续性，即以地质和地球物理学正解为基础，评判该脊与沿海国在地质学上的相关程度或与沿海国大陆的连续性程度，以及在地质学上与周围深海底的差异程度。

委员会在《准则》的第7章中试图阐明相关事项，但其承认难以就各种情况做出详细规定，最后宣布"洋脊问题将逐案审理"。结合沿海国的划界实践和委员会的审议建议可以看出：第一，沿海国因本身的利益需求对洋脊条款的运用有扩大化解释的趋势。若申请区有出露水面的陆地领土，则尽可能地证明申请区是大陆边缘自然组成部分的海底高地；若申请区位于深洋底，则尽可能地证明申请区是与大洋上岛屿存在地形连续的海底洋脊。第二，委员会对划界案的审议建议会对沿海国权益产生重大影响，因此委员会在提出建议时，采取了从严解释《联合国海洋法公约》的谨慎态度，在涉及洋脊类型的认定上也如此，基于沿海国提交的佐证数据，从地形、地质结构和构造成因等方面来验证洋脊的属性问题。

正是由于《联合国海洋法公约》的不确定性，《科学和技术准则》也没有提供最终的解决方案，对《联合国海洋法公约》第76条中脊的界定方法，学界仍在研究。结合相关学者文献的研究和委员会建议的分析可以看出：关于这三种脊的区别，主要是看其形态和地质结构。在界定脊的属性时须考虑以下两个因素：① 脊的地貌特征及其与大陆边的位置关系，即地形上的连续性；② 脊与沿海国陆块在地质上的连续性。对于海底高地来说，其与沿海国家大陆有形态和地质结构上的连续性，一般来说，已证明该地形的地质特征与沿海国家大陆在形态上具有连续性，则可视为大陆边缘的自然组成部分。主要是以地质和地球物理学证据为基础，评估其与沿海国大陆在地质学上的相关程度或连续性程度以及地质学上与周围深海底的差异程度。若一地形与沿海国大陆有形态上的连续性，但没有足够的地质或地球物理数据和可用的直接证据来充分证明应该归类为构成大陆边缘自然组成部分的海底高地，或者该地形特征的演化过程和地质特征不同于相邻的陆块，则视为海底洋脊。若一地形与沿海国大陆既没有形态上的连续性，该地形特征的演化过程和地质特征也不同于相邻的陆块，则视为深洋洋脊，这一观点正被学界广泛接受。目前来讲，对于洋脊条款的实际应用，更多的还是通过各沿海国划界实践以及委员会给予的划界建议来判定。

第四节

《谅解声明》适用问题

一、概述

从《联合国海洋法公约》第76条第4款的规定来看，沿海国200海里以外大陆架的外部界限不可以超过两条线：一条是沉积岩1%厚度点连线，这是一条其上所有点的沉积岩厚度都不少于该点至大陆坡脚最短距离的1%的曲线；另外一条是距离线，这是一条其上所有点距离大陆坡脚不超过60海里的曲线。这两条线以内的部分是沿海国200海里以外的大陆架可能扩展到的地方，这两条线也是用以划定沿海国200海里以外大陆架外部界限的两条公式线。但从实践的角度来看，只有先划定这两条公式线，才能知道沿海国的大陆边是否超过200海里，如果这两条公式线在200海里线以内，则应以200海里线为沿海国大陆架的外部界限，此时不存在划定200海里以外大陆架外部界限的问题，即只有当这两条公式线其中一条或者全部在200海里线以外，才有根据《联合国海洋法公约》第76条第4～6款划定大陆架外部界限的必要。因此，《联合国海洋法公约》第76条第4款关于公式线的规定是整个76条适用的基础和关键，没有它则无论是自然延伸标准还是200海里距离标准都无从谈起。

关于沉积物1%厚度点公式的适用，需要针对世界各地不同大陆基做出相应分析，因为这一公式规定大陆基外部界限由大陆基下面的沉积厚度决定。如果要应用此规则，沿海国家必须记录下大陆坡脚的位置以及该坡脚向洋的沉积厚度。对于"沉积厚度"，又可理解为大陆边任何位置的沉积厚度均为从海底至位于沉积底部的基底顶端之间的垂直距离，而不论海底坡度或基底顶端表面坡度如何。但在地理学上所谓活动和剪切型大陆边的地理背景下，大陆边一般不具有可以识别的典型大陆基，但同时在大陆坡坡脚向海的区域仍然可能有大量的沉积物堆积，最为例外的情况可以参考《联合国海洋法公约》附件二《谅解声明》。

二、《谅解声明》的产生

在第三次联合国海洋法会议期间，相关代表团就确定大陆架外部界限方法和划定大陆边外缘方式提出建议提案，以1976年第四期会议上爱尔兰的提案最具代表性，该提案提出了划定大陆边外缘的两种方法，即沉积岩厚度方法（也叫"爱尔兰公式"）和海登堡方法。这一提案经过讨论修改最终演变成76条第4（a）款。在1978年第七期会议期间，斯里兰卡代表提出该国接受爱尔兰模式的理念，但是对于其适用还存在困难，提出将距离和沉积岩厚度标准相结合：只有当大陆边急剧变薄时才能取得公平的结果。而斯里兰卡的陆架区域很窄，陆基较宽而且陆基下具有相当多的沉积物堆积，运用"爱尔兰公式可能导致斯里兰卡失去巨大的陆基区域"（图3-4、图3-5），因而爱尔兰公式不能

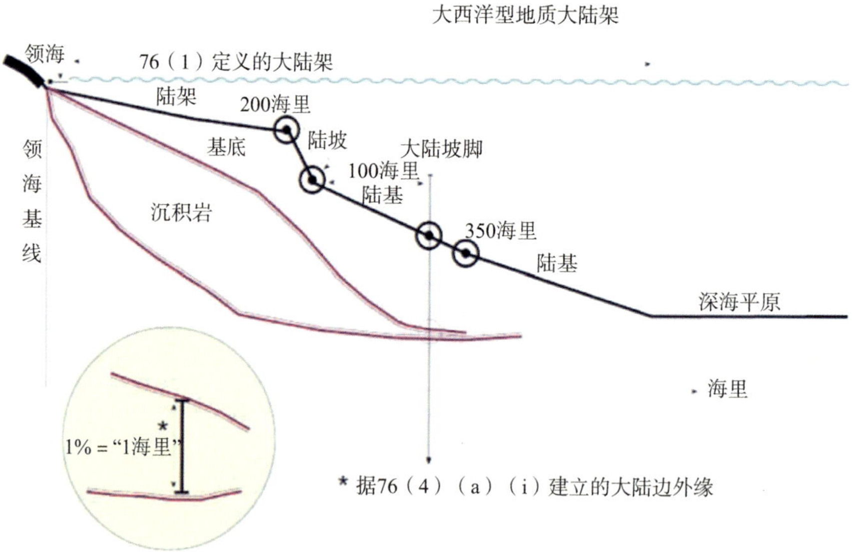

图3-4　依据爱尔兰公式所确定的大陆边外缘

公平地用于确定斯里兰卡的大陆架，应将其作为严格适用爱尔兰公式的例外情况。[1]在1979年第八期会议上，斯里兰卡代表提交了一项新提案来修订爱尔兰公式，该提议允许沿海国家采用一种考虑沉积岩厚度的标准来确定大陆边外缘，并得到广泛共鸣。同时斯

---

[1]　〔斐济〕萨切雅·南丹，〔以〕沙卜泰·罗森.1982年《联合国海洋法公约》评注：第二卷［M］.吕文正，毛彬，译.北京：海洋出版社，2014：916，777.

里兰卡以此提案为基础提交了一份新的非正式议案（NG6/10）。

斯里兰卡地质大陆架

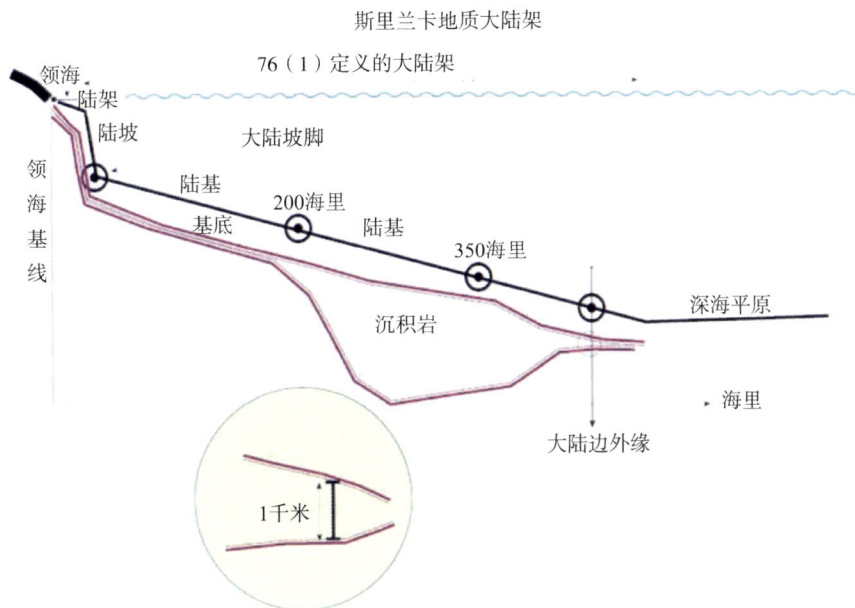

图3-5 依据《谅解声明》确定的大陆边外缘

在1980年第九期会议上，第六磋商小组[①]深入讨论了斯里兰卡代表建议的有关界定方法的例外情况。第二小组委员会的主席报告了斯里兰卡代表提案的进展情况，指出《谅解声明》"没有遇到任何反对，将作为整体解决方案的一部分并入大会最后文件的附件"。在1982年第十一期会议期间，《第三次联合国海洋法会议最后文件》（以下简称"《最后文件》"）的非正式草案中的附件三包含《谅解声明》。在审查《联合国海洋法公约最终草案》之后，《谅解声明》归入大会《最后文件》的附件二中。[②]

《谅解声明》的产生源于在《联合国海洋法公约》第76条制定过程中提出的"斯里兰卡提案"，该提案提出如将第76条的爱尔兰公式应用于确定斯里兰卡大陆架，将会产生不公平后果，并提出了"斯里兰卡建议"来解决这一难题。斯里兰卡提案经第三次联合国海洋法大会审议后，最终演变成《谅解声明》，解决了类似斯里兰卡这种特殊地理区域大陆边外缘的确定问题。

[①] 第六磋商小组：在1978年第七期会议上，会议建立了磋商小组处理突出的"难点"问题，其中第六磋商小组（NG6）处理的问题为：大陆架外部界限的定义和对200海里以外的大陆架上开发应缴的费用和实物问题；大陆架外部界限的定义和收益分享问题。

[②] 〔斐济〕萨切雅·南丹，〔以〕沙卜泰·罗森.1982年《联合国海洋法公约》评注：第二卷〔M〕.吕文正，毛彬，译.北京：海洋出版社，2014：783-785，916-919.

三、适用《谅解声明》的外大陆架划界案

（一）斯里兰卡外大陆架划界案

斯里兰卡于2009年5月8日依据《谅解声明》提交了关于孟加拉深海扇区的划界案。孟加拉海底扇是全球最大的深海扇，长达3000千米，宽达1000千米，最大沉积物厚度高达16.5千米。斯里兰卡的大陆边显示了《谅解声明》中所描述的特殊地质和地貌特征，其大陆边具有非常狭窄的陆架、非常陡峭的陆坡和广阔的陆基。喜马拉雅山脉的风化与剥蚀所产生的大量碎屑物质通过恒河和布拉马普特河为孟加拉海底扇带来了大量沉积物。由于扇体存在巨厚的沉积物分布，《联合国海洋法公约》第76条第4款适用于斯里兰卡大陆边将对斯里兰卡造成不公平的结果，因而斯里兰卡使用《谅解声明》中的特定方法来划定其大陆边外缘，并据此确定了其大陆架外部界限，即使用连接各定点划出长度不超过60海里的直线的方法划定其大陆边外缘，各定点以经纬度标明，而且各点上的沉积岩厚度不少于1000米。尽管《谅解声明》并未指明是哪些国家，但根据"孟加拉湾南部"这一提示，应被理解成包括印度和斯里兰卡。孟加拉国、印度和斯里兰卡对此划界案提交了反应照会，都没有对划界案提出异议。在第42届大陆架界限委员会会议上决定建立小组委员会对该案进行审议。目前该划界案正在审议中。

（二）缅甸外大陆架划界案

2008年12月16日，缅甸向委员会提交了关于孟加拉湾的划界案。从地形上看，缅甸向西延伸的陆块包括陆架、陆坡和陆基，陆基之外是孟加拉湾的深洋洋底。地质学上，若开邦大陆边外缘是缅甸板块向西扩张的增生构造。从地质构造来看，缅甸板块及其西缘的增生主要由海洋沉积岩组成，因此在划定大陆边外缘时使用了1%沉积厚度公式和《谅解声明》方法。基于第76条和《谅解声明》，若开邦大陆边外缘的西侧部分位于从基线向海量起200海里以外，扩展大陆架的外部界限由连接各定点的长度不超过60海里的直线划定。在缅甸公布的4个大陆架外部界限点中，3个是依据1%沉积物厚度公式线确定的，1个是依据《谅解声明》确定的。

斯里兰卡、印度、肯尼亚和孟加拉国都就此案提交了反应照会。这四国都对缅甸划界案运用《谅解声明》表示了关注，其中，斯里兰卡认为《谅解声明》中所指的国家是斯里兰卡；印度认为《谅解声明》中提及可运用的国家是斯里兰卡和印度；肯尼亚则指出《谅解声明》中提及的可考虑划界案的范围是孟加拉湾南部的国家，但同时表明如果

一国能证明其符合《谅解声明》特殊条件的规定，则都可以运用《谅解声明》，而不局限于该国所处的地理位置；孟加拉国则保留了其提交关于《谅解声明》评论的权利。同时，孟加拉国在2009年的反应照会中声明其与缅甸存在未决的划界争端，根据《议事规则》附件一5（a）的规定，要求委员会不予审议缅甸划界案。在2012年国际海洋法法庭对缅甸和孟加拉国的海洋边界案做出裁决后，缅甸提请委员会审议其划界案，但2012年9月30日孟加拉国又提交反应照会认为，法院的判决只是表明了200海里以外大陆架边界的走向，而没有最终确定两国间的划界问题，要求委员会暂时不予审议。缅甸认为，《谅解声明》适用于符合其中所载条件的所有国家，缅甸在对划界案的介绍中已按其中所载条件行事。关于孟加拉国的普通照会，孟加拉国负有举证责任，证明存在争端。孟加拉国单方面宣称存在争端是不够的。根据孟加拉国提供的反应照会，委员会决定暂时不予审议缅甸划界案。

（三）肯尼亚外大陆架划界案

2009年5月6日肯尼亚向大陆架界限委员会提交了该国的外大陆架划界案。附属于肯尼亚陆块的大陆边是一个典型的被动大陆边缘，显示出断裂和转换剖面属性，特征为窄大陆架、陡陆坡（特别是在陆边的断裂部分），一个宽大和不明显的陆基（特别是在陆边的转化部分）以及一系列厚且宽大的沉积岩。相关的地质地形特征满足《谅解声明》的规定，具有特殊性，如果适用《联合国海洋法公约》第76条第4款的规定将导致不公平，符合《谅解声明》的适用条件可采用《谅解声明》方法来划定大陆边外缘，因此肯尼亚在确定大陆边外缘时运用了这一例外性规定。在划界案公布的40个大陆架外部界限点中，1个是肯尼亚与坦桑尼亚的边界点，1个是肯尼亚与索马里的边界点，37个是肯尼亚的350海里点，1个是依据《谅解声明》确定的点。

斯里兰卡和索马里均提交了反应照会。斯里兰卡2009年7月22日的反应照会主要针对的是《谅解声明》的适用范围问题，其在照会中指出：斯里兰卡也谨此重申其立场，即根据《联合国海洋法公约》附件二第三条第1款（a）项适用《谅解声明》以及执行委员会根据上述声明提出建议的任务，仅限于《谅解声明》第5段提到的孟加拉湾南部国家。针对斯里兰卡的照会，肯尼亚在回复的外交照会中表明，依据《维也纳国际法条约》在内的国际法的惯例和原则，推重各国待遇的平等和公平。就《谅解声明》而言，肯尼亚在适用《谅解声明》方面的立场是一般性质的立场，条件是提交国的大陆边展现出特殊的特点，并且第76条的适用引起了不公平的问题。而且《联合国海洋法公约》和

《谅解声明》中都没有提及"主要国家"是斯里兰卡,《谅解声明》第5段提及了孟加拉湾南部国家,但并不排除与该区域拥有同样地质地貌的其他大陆边缘的国家对《谅解声明》的运用。肯尼亚认为,任何时候只要一国能够证明其符合《谅解声明》所设想的特别情况,就可以适用《谅解声明》所载的各项原则。

索马里针对肯尼亚的划界案提交了4份照会,在2009年8月19日的照会中提及了索马里已于2009年4月7日与肯尼亚签署了谅解备忘录,承诺互不反对委员会审议各自提交的划界案,该照会符合谅解备忘录的内容并确认将在适当时候建立一个机制,敲定与索马里进行的海洋边界谈判。随后在2009年10月10日、2010年3月2日、2014年2月4日以及2014年9月2日的照会中反复表明,2009年8月1日索马里政府就备忘录进行表决时否决了该备忘录,声明索马里与肯尼亚的谅解备忘录是无效的,同时索马里与肯尼亚存在海域主张重叠区,存在《议事规则》附件Ⅰ第5(a)款所说的"争端",同时索马里诉肯尼亚的印度洋海洋划界案尚待国际法院审理,要求委员会不予审议肯尼亚的划界案。针对索马里提及其与肯尼亚签署的谅解备忘录是无效的情况,肯尼亚指出,索马里并没有与其磋商就单方面宣布该备忘录是无效的,但该决定并不影响委员会继续审议肯尼亚的划界案,因为《联合国海洋法公约》规定了委员会的建议不得损害相邻或相向国家间的划界。肯尼亚将继续寻求合法途径来解决其与索马里的海洋划界问题,有可能与索马里达成双边协议,希望委员会继续审议肯尼亚的划界案并提出建议。

目前该案正在审议中,审议结果还不得而知,但显然委员会关于该案的建议将涉及《谅解声明》的解释和适用。就目前来看,委员会认为在执行国家间《谅解声明》相关规定的解释和适用方面存在观点分歧,由各国而不是委员会解释了该公约。委员会有必要随时了解关于此事的进一步发展情况,同时遵循《联合国海洋法公约》附件二第三条第1款(a)项和(b)项中对其任务的定义。从委员会决定成立审议肯尼亚划界案的小组委员会,完成对肯尼亚的从属权利检验后继续进行划界案实质内容的审议,要求肯尼亚补充相关的佐证材料而并没有对肯尼亚援引《谅解声明》所确定的外部界限点提出异议来看,还是默认了肯尼亚适用《谅解声明》的做法,即《谅解声明》不仅适用于孟加拉湾南部地区,其他拥有相似地质地貌大陆边缘的区域也可适用。

四、适用《谅解声明》需要关注的问题

（一）《谅解声明》与《联合国海洋法公约》第76条的关系

《联合国海洋法公约》第76条最终确定的是大陆架外部界限，而《谅解声明》是一种划定大陆边外缘的方法，两者之间还是存在一定的差异。这里涉及的问题是一国适用《谅解声明》方法确定大陆边外缘后，第76条的其他条款是否还有效，是否还需要满足第76条第5款限制线的规定。

斯里兰卡籍学者M.C.W.Pinto认为，斯里兰卡是适用《谅解声明》的国家，是第76条相关规定的例外情形，第76条第5款限制性的规定不适用于斯里兰卡，原因如下：①《谅解声明》是在第76条通过之后形成的，没有明确证据表明《谅解声明》与第76条第5款之间存在联系；②《谅解声明》与第76条中任何有可能影响其执行的规定是分离开的，《谅解声明》的案文中也表明"虽有第76条的规定"，针对斯里兰卡特殊地理特征而应用《谅解声明》的单一划界方法代替了第4款的公式线和第5款的限制线；③第76条第5款的应用依赖于第4款的规定，而《科技准则》8.1.12说明了《谅解声明》是第76条第4款应用的例外；④假定斯里兰卡已经受《谅解声明》条款的支配，那么它是否受第76条第5款限制线的制约还存在争议，因为应用《谅解声明》的目的就是使得1980年全体会议达成一致的认识，关于斯里兰卡受到的不公平待遇得到纠正；⑤将第76条第5款限制性规定应用于斯里兰卡大陆架的确定所产生的后果也不明朗，可能使斯里兰卡的大陆架减少或扩大。

M.C.W.Pinto认为，《谅解声明》与第76条第5款一样，本身都是《联合国海洋法公约》的一部分，具有同样的法律影响力，因而这两条规定有可能是相互抵触的。如果应用350海里限制线使得斯里兰卡大陆架范围有所减少，斯里兰卡则可以宣称——根据《维也纳条约法公约》第31条（3）款（a）项和31条（2）款（a）项，《谅解声明》属于"当事国嗣后所订关于公约之解释或规定之适用之任何协定"，或者"全体当事国间因缔结条约所订与条约有关之任何协定"，故《联合国海洋法公约》76条第5款已经被《谅解声明》所改变。另一方面，假如350海里限制线应用导致斯里兰卡大陆架扩大超出《谅解声明》的确定范围，因斯里兰卡是应用《谅解声明》第3段中所规定的沉积岩厚度不超过1千米的方法来具体界定其大陆架，故而两者并不相关。

就笔者看来，《谅解声明》仅仅是一种针对特殊地理区域确定大陆边外缘的特定方

法，是一种特殊的"爱尔兰公式"，确定了沿海国可扩展的大陆架的最远距离，是决定该国是否具有200海里以外大陆架的权利基础。具体而言，如果沿海国的大陆边外缘自然延伸到从测算领海宽度的基线量起200海里以外，则大陆架的外部界限可以扩展到划在1%沉积厚度之处的线（或者扩展到沉积物厚度为1千米点所连线之处），或者扩展到距离坡脚60海里之处划的线，或者二者兼用，但不得超过从测算领海宽度的基线量起距离为350海里之处划的线，或不超过在距离2500米等深线100海里之处划定线。也就是在任何情况下，至少有一条公式线和一条限制线得到满足。决定大陆架外部界限的，是两条线的内部包络，这两条线分别是两条公式线的外部包络和两条限制线的外部包络。兼用两条公式线，它们的外部包络线决定了沿海国对大陆架的权利的最大可能范围，外部包络构成权利主张的基础。限制线的外部包络则限定了沿海国的大陆架外部界限不能超过的宽度，是对划定大陆架外部界限时根据公式线得到的包络线的一种制约。

（二）《谅解声明》的适用范围问题

截至目前，援引《谅解声明》来确定一国大陆架外部界限的划界案有3个，分别是缅甸划界案、肯尼亚划界案和斯里兰卡划界案。其中缅甸划界案是第一个运用《谅解声明》的划界案，将《谅解声明》的适用范围从声明中所表明的孟加拉湾南部国家扩展到整个孟加拉湾。斯里兰卡、印度、肯尼亚和孟加拉国都就此案提交了反应照会，对缅甸划界案运用《谅解声明》表示了关注。斯里兰卡认为《谅解声明》中所指的国家是斯里兰卡；印度认为《谅解声明》中提及可运用的国家是斯里兰卡和印度；肯尼亚则指出《谅解声明》中提及的可考虑划界案的范围是孟加拉湾南部的国家，但同时表明如果一国能证明其符合《谅解声明》特殊条件的规定，则都可以运用《谅解声明》而不局限于该国所处的地理位置。孟加拉国则保留了其提交关于《谅解声明》评论的权利。

针对肯尼亚划界案，斯里兰卡2009年7月22日的反应照会中指出，斯里兰卡也谨此重申其立场，即根据《联合国海洋法公约》附件二第三条第1款（a）项适用《谅解声明》以及执行委员会根据上述声明提出建议的任务，仅限于《谅解声明》第5段提到的孟加拉湾南部国家。针对斯里兰卡的照会，肯尼亚在回复的外交照会中表明，依据《维也纳国际法条约》在内的国际法的惯例和原则，推重各国待遇的平等和公平。就《谅解声明》而言，肯尼亚在适用《谅解声明》方面的立场是一般性质的立场，条件是提交国的大陆边展现出特殊的特点，并且第76条的适用引起了不公平的问题。而且《联合国海洋法公约》和《谅解声明》中都并没有提及"主要国家"是斯里兰卡，《谅解声明》第5

段提及了孟加拉湾南部国家，但并不排除与该区域拥有同样地质地貌的其他大陆边缘的国家对《谅解声明》的运用。肯尼亚认为，任何时候只要一国能够证明其符合《谅解声明》所设想的特别情况，就可以适用《谅解声明》所载的各项原则。

也就是说，斯里兰卡认为《谅解声明》的适用范围是孟加拉湾南部国家，主要国家指的就是斯里兰卡。而肯尼亚则认为根据一般国际法惯例和原则，相关条约的适用应具有平等性和公平性，只要相关沿海国的大陆边缘满足《谅解声明》所描述的特殊地质和地形条件，并且适用《联合国海洋法公约》第76条第4款（a）项相关方法来划定大陆边缘会产生不公平的后果，则均可以运用《谅解声明》所述方法来确定一国的大陆边缘。

从缅甸划界案和肯尼亚划界案来看，两国对《谅解声明》存在以下认识：①《谅解声明》的适用范围不再局限于孟加拉湾南部地区，缅甸划界案将其范围扩展至整个孟加拉湾地区，而肯尼亚划界案更是将其扩大至其他拥有相似大陆边缘的区域；② 两国均用《谅解声明》来确定了其大陆边外缘，但同时也认为《联合国海洋法公约》第76条其他条款对其也是有效的，如运用第76条第5款限制线规定来确定大陆架外部界限。

相关学者研究也表明，如果一地区的地理环境与孟加拉湾南部类似，而且该地区应用《联合国海洋法公约》第76条第4款（a）项的规定会引起不公平的后果，则同样可以适用该声明，即《谅解声明》不仅限于孟加拉湾南部地区，而是可以扩展至其他拥有相似大陆边缘的地区，如阿拉伯海和阿拉斯加湾。

沿海国大陆边外缘的确定是决定该国是否具有200海里以外大陆架的权利基础，因此《谅解声明》作为一种划定特殊地理区域大陆边外缘的方法有必要引起我们的重视。相关沿海国如要援引《谅解声明》方法来确定该国的大陆边外缘，需严格满足适用《谅解声明》的6个条件；除孟加拉湾南部区域外，如其他地区也满足《谅解声明》的条件，也可以运用《谅解声明》方法来确定大陆边外缘。

第五节

委员会建议的相关法律问题研究

　　虽然沿海国200海里以外大陆架的外部界限是由沿海国自身划定，但为了获得国际社会的认可，沿海国无法避开委员会。根据《联合国海洋法公约》第76条第8款的规定，委员会审议后就有关划定大陆架外部界限的事项向沿海国提出建议，沿海国在这些建议的基础上划定的大陆架外部界限具有确定性和约束力，也就是说沿海国只有在委员会建议下划出的界限才具有确定性和约束力。

　　委员会对划界案的审议结果以建议的方式做出，会对沿海国权益和国际海底区域的划分产生重大影响，但《联合国海洋法公约》对这种建议的性质和效力没有做出明确规定，导致各国对此问题存在重大争议，容易产生新的国际纠纷。中国向委员会提交了东海部分海域大陆架划界案，委员会对该案的态度也会影响我国海洋权益。因此，深入探讨和分析委员会建议的性质与效力，对国际社会和我国都具有重要的意义。[①]

一、委员会建议的性质

　　针对委员会建议的性质，一般认为有以下几种观点。

　　第一，只具有建议性。该观点认为依据委员会的职能和人员组成来看，其主要是由地质学、地球物理学或水文学等方面的专家组成的审议沿海国所提交划界案的科学技术资料并提出建议的一个国际组织。如果沿海国不同意委员会建议，可在合理期间内向委员会提出修订的或新的划界案，然后委员会重新审议并提出建议。如果沿海国同意委员

---

① 刘亮. 论大陆架界限委员会建议的性质与效力——兼评中国东海部分海域大陆架划界案［J］. 太平洋学报，2014，22（5）：23-31.

会的建议，可根据该建议确定大陆架的外部界限，这一界限具有终局性和拘束力。从这一点来看，委员会不能直接确定大陆架的外部界限，大陆架外部界限最终只能由沿海国自己确定。

第二，具有一定的法律效力。该观点认为对于《联合国海洋法公约》缔约国而言，委员会的建议具有一定的法律效力，但这种建议似乎又不具有类似国际司法判决或裁决的性质。该观点一方面从《联合国海洋法公约》角度出发，肯定委员会建议的法律效力，但另一方面又因《联合国海洋法公约》关于沿海国可以不同意委员会建议的规定而怀疑建议的法律效力。我国学者傅崐成则进一步指出，委员会的专家们是"以技术专家的角色来协助国际社会避免纷争，而非以纠纷裁判者的角色来解决国际纠纷"。

第三，只作为一种科学和技术方面的建议，不处理法律争端。理由是委员会的委员都是科学家，而非法律专家，委员会对划界案的审议主要是一个科学和技术过程。该观点的缺陷是试图将科技问题与法律问题完全分开。虽然《联合国海洋法公约》中很多用语来源于科学，但一旦成为《联合国海洋法公约》的一部分，对其适用和解释就应该遵循条约的国际法规则，况且《联合国海洋法公约》关于大陆架诸多术语的解释和地质地貌学意义上的概念并不完全一致。[①]

综上所述，委员会建议还是一种法律行为，具有一定的法律效力。第一，委员会是根据《联合国海洋法公约》成立的三大国际机构之一，本身是纳入联合国体系下的，其行为可以归因为联合国的行为，而联合国是具有国际法主体地位的，从这一点来看，委员会具备了相当于国际法主体的地位。第二，从职能来看，委员会是审议沿海国200海里外的大陆架划界权利主张的机构，并通过建议的形式对沿海国的权利主张进行确认或否认。无论何种建议，最终都会影响沿海国划定大陆架外部界限的法律效果。第三，委员会建议能够引起法律后果。其建议直接影响沿海国200海里外大陆架权利的有无和面积的大小，也直接影响沿海国大陆架外部界限的划定是否能获得确定性和拘束力。依照《联合国海洋法公约》第76条第8款的规定，沿海国拥有200海里外大陆架外部界限的最后确定权，但本质上该权利必须以委员会建议为前提和基础，决定沿海国200海里外大陆架面积大小的实质性权力依然由委员会所拥有，无论沿海国提出何种划界案，最后都必须得到委员会的认可。此外，相关划界案的沿海国也遵守了委员会的建议，迄今为止，没有

---

① 吴卡. 冲之鸟不应拥有外大陆架——从大陆架界限委员会的职能展开 [J]. 大连海事大学学报（社会科学版），2013，12（2）：37-40.

国家对澳大利亚、新西兰等国在委员会建议的基础上确定的外大陆架界限表示反对。

二、委员会建议的效力

在审查完沿海国所提交的信息后，委员会应该在关于大陆架外部界限确定的问题上向沿海国提出建议。沿海国基于这些建议所确立的大陆架界限是终局的，且有拘束力。由于委员会的审议及建议内容将决定和影响申请国及沿海国外大陆架界限的划定，这是委员会职责中各申请国和沿海国最为关注和重视的部分。因此，委员会的审议及建议权有多大效力是我们普遍关注的。

（一）划界案申请的资格和建议产生效力的条件

首先，在申请主体资格方面，对于存在陆地或海洋争端的情况，《联合国海洋法公约》的非缔约国是否有权向大陆架界限委员提交请求，《大陆架界限委员会程序规则》附件一第5款所提出的所有争端当事国是否包括非缔约国在内。从附件二第4条规定的沿海国应于"公约对该国生效后10年内提出申请"可以得知，只有《联合国海洋法公约》的缔约国才能向委员会提交外大陆架的划界申请，因为外大陆架划界申请的技术资料必须在《联合国海洋法公约》"对该国生效后的10年内提交"。非缔约国是否有权提交或通过何种途径提交就成为问题。

其次，缔约国向委员会提交的大陆架划界申请到底是自愿提交还是强制提交。从附件二第4条的规定来看，沿海国均为自愿向委员会提交大陆架划界申请案。从这个意义上来说，委员会遵守的是自愿管辖原则，但这种自愿管辖也须遵守两个条件。第一，根据附件二第4条的规定，缔约国必须在《联合国海洋法公约》对该国生效后10年内提出。但是，《联合国海洋法公约》规定的在10年内必须提交的并不是严格意义上的大陆架划界申请案，只要是与大陆架划界申请相关的技术性材料、科学资料都可以看作广义上的申请。第二，根据《联合国海洋法公约》第76条第10款的规定以及《联合国海洋法公约》附件二第9条的规定，缔约国向委员会提交划界申请时，只有在海岸相向或相邻国家对该国的划界申请没有提出领土争议的情况下，委员会才会审议该国的划界申请。委员会不审议有陆地或海洋争端的划界案，并不表示它否定了申请国的权利和主张，而是因为它没有裁判国家之间领土主权和海洋划界争端的权力。毕竟，委员会并不是一个国际性的司法机构，其不能超越主权国家之上。而且，根据附件二第8条的规定："在沿海国不同意委员会建议的情形下，沿海国应于合理期间内向委员会提出订正的或新的划界案。"也就是说，划界案申请国保留了不接受委员会划界建议的权利，从而可以重新递交新修订的或者新的划界申请。这样看来，委员会的划界建议要发生确定性的拘束力必须是在申请国提交划界案且同意委员会的建议的基础上才能产生的。

（二）委员会的建议是否对《联合国海洋法公约》的非缔约国具有拘束力

虽然《联合国海洋法公约》规定沿海国在委员会建议的基础上划定的大陆架界限应有"确定性和拘束力"，但这种拘束力是否可以扩及《联合国海洋法公约》的非缔约国可能尚存疑问。

1969年《条约法公约》第34条规定："条约非经第三国同意，不为该国创设义务或权利。"同时，根据该公约的第三十五条，如果一项条约要为第三国设定义务，则必须符合两项条件：① 条约当事国必须有给第三国施加义务的意思表示；② 第三国以书面形式，明示接受该项义务。另外，根据1969年《条约法公约》第38条，如果条约所载规则成为公认国际法习惯规则，则其对第三国有拘束力。但在此种情况下，第三国承担义务不是发生于条约，而是发生于一般国际法规则或国际习惯法。就外大陆架划界问题而言，如果第三国明确同意《联合国海洋法公约》第76条第8款的规定，或者认定该条款具有国际习惯法规则的性质，则可以认为该条款对公约缔约国之外的第三国产生拘束力，但事实上该款规定在目前是否构成国际习惯法可能还存在争议。

因此，在确认《联合国海洋法公约》第76条关于外大陆架划界的规则构成国际习惯法规则之前，原则上，某一沿海国在委员会建议的基础上划定的大陆架界限对《联合国海洋法公约》的非缔约国（例如美国等）是没有"拘束力"的。但从美国对已经提交的划界案积极提交外交照会的评论意见来看，该国似乎并不打算对基于委员会建议所确定的外大陆架界限表示反对。迄今为止，也没有国家对澳大利亚、新西兰、冰岛、巴西等在联合国大陆架界限委员会建议的基础上确定的外大陆架界限表示反对。无疑，随着越来越多的国家成为《联合国海洋法公约》的缔约国，以及实践中更多的非缔约国对大陆架界限委员会建议效力的认可，该规则也就更有可能成为国际公认的国际习惯法规则。[①]

---

① 李毅. 论联合国大陆架界限委员会在外大陆架划界中的作用——兼谈中国及周边国家的外大陆架申请 [J]. 南洋问题研究，2010（2）：1–8+32.

（三）沿海国与委员会因意见不合而导致的争端解决

当申请国的主张与委员会的建议发生冲突时，对于缔约国是否有遵守该项建议的义务，《联合国海洋法公约》第76条并未明确界定申请国的该项责任。但是如果沿海国不同意委员会的建议，则应该在一段合理的时间内修改请求或重新提出一个新的请求，目的是最终确定一个解决方案，但这个"提交请求……重新提交"的过程可以持续多久，《联合国海洋法公约》并没有给予明确的规定。首先提出第76条中沉积物厚度公式的爱尔兰学者James Gardiner称该过程为随时间推移越来越紧凑的"乒乓回合"过程，但沿海国是否能随心所欲地终止这个过程仍是一个问题。在《联合国海洋法公约》没有明文禁止的情况下，沿海国当然可以自由选择是接受委员会的建议还是提出新的划界申请，但是，一旦委员会重新确认了申请国的外大陆架界限，且申请国同意并接受了该建议，委员会的建议才具有"终局性"和"约束力"。所以，我们只能期待在发生这种情况时，正常理性占主导地位而使得申请国能在这种"轮换游戏"中坚持到最后。

沿海国收到委员会建议后有两个选择：一是沿海国在委员会建议的基础上，按照适当国家程序划定外部界限；二是沿海国不同意委员会建议，在合理时间内提出修订的或者新的划界案，提交委员会进行新一轮的审议。虽然委员会无权替代沿海国划定界限，其建议也没有被赋予法律拘束力，但依据《联合国海洋法公约》规定，在委员会建议基础上划定的大陆架外部界限才是确定的和有拘束力的。换言之，委员会审议划界案的过程不是一场检察官与被告人律师的讼争，而是沿海国与委员会分别派出的科学家之间的合作，双方共同努力确定与《联合国海洋法公约》设立的标准相符合的正确界限。根据目前的国家实践来看，大部分国家均善意履行《联合国海洋法公约》义务，在建议的基础上划定最终界限，符合《联合国海洋法公约》规定，这样的界限难以被其他国家质疑。对于与委员会建议产生冲突的界限，实属违反《联合国海洋法公约》规定，容易遭到其他国家的质疑和反对，难以被国际社会认可。

三、委员会建议的实践

（一）委员会建议概况

在目前委员会已经审议完成的37个划界案（其中包括6个修订划界案）中，最终明确接受委员会建议并交存联合国秘书长的划界案有12个，但除日本公开发布大陆架政令，声明其大陆架范围外，剩余划界案都没有官方声明或明确表态。经过对各沿海国提交的划界案执行摘要、各国反应照会及委员会建议的研究可知，委员会对涉及领土主权争端、南极地区的区域不予审议外，对各国提交的案文、数据尤其是涉及大陆架外部界限建立的大陆坡脚点位置、大陆边缘进行详细分析，并依据《联合国海洋法公约》第76条所规定的方法来检验沿海国所建立的外部界限是否合理合法。从委员会已经完成审议的37个划界案（包括6个修订划界案）可以看出，大部分的划界案均是对大陆坡脚点位置进行细微调整，并且沿海国也在接受委员会的调整建议后，审议通过了一国的外大陆架界限。未审议通过的除去涉及领土主权争端、南极地区这两种情形外，一种情形是新西兰划界案所出现的企图利用公式线扩大化其区域（新西兰划界案北部地区南斐济海盆中部存在一块公式线以外的区域，划界案试图在其北部通过一段不超过60海里的连接线封闭该区域，这块区域面积达数万平方千米，该主张遭到委员会的否定），另外一种情形就是涉及洋脊类型的认定，巴西划界案、英国阿森松岛划界案、日本划界案（还涉及岛礁属性问题）、冰岛划界案均属于这种类型。

（二）沿海国对委员会建议的采纳情况

从目前沿海国的划界实践来看，委员会建议公布之后相关沿海国的大陆架外部界限确立情况主要分为以下三种类型。

1. 完全遵守委员会建议

在委员会建议基础上正式提交联合国秘书长存档的划界案有12个，包括2004年的澳大利亚划界案、2005年的爱尔兰部分划界案、2006年的新西兰划界案、2007年的墨西哥部分划界案和2009年的菲律宾部分划界案等。这12个划界案的相关沿海国均同意了委员会的建议并向联合国秘书长交存了相关的大陆架外部界限材料。

2. 部分遵守委员会建议

日本最终公布的其大陆架外部界限有部分是按照委员会的建议确定的。对比联合国网站公布的委员会建议摘要和2014年9月12日日本在其第6374号官报上公开发布的延伸大陆架政令（第302号）全文，可以看出冲大东海域是严格按委员会建议划定其外大陆架的，但日本发布的四国海盆海域的外大陆架不仅与委员会建议完全不符，而且其范围的划定还利用到冲之鸟礁的200海里线，无视国际社会对冲之鸟礁不具备专属经济区的共识。

3. 未采取明确行动

除去上述划界案，其他委员会已经审议完成的划界案，在建议公布后，相关沿海国没有任何官方声明表示是否接受委员会建议，也没有正式提交联合国秘书长相关的外大陆架界限材料。

四、委员会建议执行困境的成因探析

委员会建议会对沿海国权益和国际海底区域的划分产生重大影响，但《联合国海洋法公约》对这种建议的性质和效力没有做出明确规定。联合国法律事务厅海洋事务和海洋法司主持编制的《大陆架定义——〈海洋法公约〉相关条款解析》专题报告指出："当沿海国和大陆架界限委员会之间的不同意见继续存在时，就产生了不确定性。"[1] 具体来看，委员会建议在后期执行过程中所遭遇的困境主要有以下三方面的原因。

（一）《联合国海洋法公约》本身的制度缺陷

《联合国海洋法公约》本身是170多个国家经过9年时间谈判协调达成的[2]，作为"一揽子"交易的成果，是各国利益相互妥协的产物，同时由于历史的局限，为相关条款的解释留下了较大的弹性空间。《联合国海洋法公约》形成过程中存在天然的"妥协性"，其中的许多条款内容较为模糊，这就造成了其在解释和适用时的不确定性。

一是由于《联合国海洋法公约》相关条款措辞模糊。相关条款的简单概括，没有对委员会建议的性质和效力做任何说明，导致目前委员会建议的性质和效力在学界存在争论，而且《联合国海洋法公约》、其他相关文件以及联合国法律事务厅海洋事务和海洋法司也未对此问题有相关解释条文。此外，《联合国海洋法公约》要求在"委员会建议的基础上划定的大陆架界限应有确定性和拘束力"，对"委员会建议的基础"也未明确范围，是必须完全按照委员会建议来划定，还是可以有选择性地吸收，都不确定。

二是《联合国海洋法公约》未明确界定外大陆架申请国和《联合国海洋法公约》缔约国的责任。对于申请国而言，《联合国海洋法公约》表明沿海国有提出200海里以外大陆架外部界限的权利，但其权利主张的最终确认需经过委员会审议并在委员会建议基础

---

[1] 刘亮. 论大陆架界限委员会建议的性质与效力——兼评中国东海部分海域大陆架划界案 [J]. 太平洋学报，2014，22（5）：23-31.

[2] 高兰.《联合国海洋法公约》的缺陷及中美日南海海权博弈对策比较分析 [J].国际观察，2016（4）：42-56.

上确立。如果沿海国不同意委员会的建议，可于合理期间内向委员会提出订正的或新的划界案，然后委员会重新对该订正的或新的划界案进行审议并提出建议。但这个合理期间以及沿海国"提交请求……重新提交"循环反复的"乒乓程序"可以持续多久，《联合国海洋法公约》都没有给予明确的规定。对于《联合国海洋法公约》缔约国而言，一是当申请国的主张与委员会的建议发生冲突时，缔约国是否有遵守该项建议的义务；二是委员会只拥有审议和建议的权利，那么缔约国是否拥有审查沿海国划定的大陆架的外部界限与委员会的建议是否相一致的职权，这些《联合国海洋法公约》也都没有说明。

三是委员会的建议对于沿海国没有强制力，沿海国对委员会建议的质疑也在一定程度上损害了委员会建议的权威性。如前所述，《联合国海洋法公约》保留了划界案的申请国不接受委员会建议的权利。换言之，沿海国可以不同意委员会的建议并于合理期间内向界限委员会重新提出修正的或新的划界案。理论上讲，这一过程可以无休止地进行下去，类似一个不断压缩的互动程序。[①]这表明沿海国可以对委员会建议持保留态度，该建议不具有类似国际司法判决或裁决的性质。

（二）委员会自身的职能限制

联合国法律事务厅海洋事务和海洋法司主持编制的《大陆架的定义—〈公约〉相关条款解析》专题报告强调："……委员会不是一个以法律取向的组织，也没有被授以解决争端的权力。《联合国海洋法公约》第十五部分第二节对第七十六条也没有提出强制解决争端。"因此，虽然《联合国海洋法公约》本身是各缔约国应该遵守的一个国际条约，但委员会并不是一个具有管辖权的国际司法机构，而是依据《联合国海洋法公约》设立的一个技术机构，它未被授权将其建议强加于沿海国从而决定沿海国大陆架的外部界限。[②]其不能超越主权国家之上，也不能代表任何国家，不能违反国家主权原则去干涉本质上属于主权国家管辖权的事务，国家也未授予其确定大陆架外部界限的权力。

确定一个国家的大陆架外部界限包含两部分内容：界限确定和边界划定。界限是指大陆架与国际海底区域之间的分界线。根据《联合国海洋法公约》规定，界限确定过程中，委员会发挥着重要作用；边界划定是指相邻或相向沿海国家之间的大陆架海洋边界划定。界限确定和边界划定是两个独立的活动。因此，沿海国大陆架外部界限的确定是

---

①② 李毅. 论联合国大陆架界限委员会在外大陆架划界中的作用——兼谈中国及周边国家的外大陆架申请 [J].南洋问题研究，2012，（2）：1-8+32.

委员会的职责范围，而边界划定则是沿海国的行为。因为大陆架外部界限的划定主要是一种政治行为，大陆架外部界限的最后界定应由沿海国进行，委员会不能充当沿海国大陆架的外部界限的裁判者，并且从《联合国海洋法公约》所规定的委员会职责来看，主要具有以下两方面职能：一是审议沿海国提出的关于扩展到200海里以外的大陆架外部界限的资料和其他材料，并提出建议；二是经有关沿海国请求，在该沿海国编制上述材料时，提出科学和技术咨询意见。委员会的主要权限为审议和建议权。此外，对于《联合国海洋法公约》及其有关附件涉及外大陆架界限的规定，委员会具有一定程度的解释权，更多的是辅助沿海国来确定其大陆架外部界限，只对沿海国的外大陆架主张予以审议并给出建议。委员会自身职能的定位导致了委员会建议的性质和效力并不明晰，这也是目前委员会建议所遭遇执行困境的重要原因。

此外，委员会建议在沿海国划定大陆架外部界限中起一种法律上的重要作用，无论是确认还是否认沿海国主张，最终都会影响沿海国划定大陆架外部界限的法律效果，因此，委员会在提出建议时，一向采取非常慎重的态度。[①]也正是由于委员会这种慎重、从严解释《联合国海洋法公约》的态度，加之外大陆架划界案涉及巨大的经济利益，从而影响了沿海国接受委员会建议的程度。

（三）沿海国获得利益与违反成本的不匹配

国际法产生于各国基于对他国利益及国家间权力分配的认知，理性地追求利益最大化的行为。对一个国家而言，遵守国际法的程度往往取决于其能否带来国家安全、经济增长以及其他的相关利益。而当遵守国际法要以减损上述其他利益为代价时，国际法将可能不被遵守。[②]

大陆架上有丰富的矿藏资源以及海洋生物资源。《联合国海洋法公约》第77条第1款表明："沿海国为勘探大陆架和开发其自然资源的目的，对大陆架行使主权权利。"也就是说大陆架制度关系到各国的重大利益，势必要求划定国家之间的大陆架界线，以便确定在一个特定的大陆架区域中哪个国家有权行使主权权力。[③]根据《联合国海洋法公约》开展大陆架划界是沿海国面临的重大机遇，大部分沿海国都在《联合国海洋法公

---

① 刘亮. 论大陆架界限委员会建议的性质与效力——兼评中国东海部分海域大陆架划界案［J］. 太平洋学报，2014，22（5）：23-31.

② 〔美〕杰克·戈德史密斯，〔美〕埃里克·波斯纳. 国际法的局限性［M］. 龚宇，译. 北京：法律出版社，2010：8.

③ 陈屹. 大陆架划界原则浅探［J］. 中山大学研究生学刊（社会科学版），2001，（3）：114-121.

约》的框架下最大限度地争取和扩展大陆架范围，使本国的海洋权益最大化。

如上所述，委员会的决议本身是否构成有拘束力的国际组织决议尚无定论。而不遵守委员会决议，沿海国是否会因此承担不利的后果，无论是《联合国海洋法公约》本身还是委员会决议都未能做出明确的说明。当出现委员会建议与沿海国的主张不一致的情形时，并没有一个负责监督建议执行和解决争端的机构对此予以解决，委员会内部的工作机制也不足以处理这种情况。因此，是否严格遵守委员会的建议事实上成了沿海国的自律行为，违反成本几乎为零。当沿海国认为委员会建议的大陆架外部界限与其预期的经济利益存在较大差距时，委员会建议被严格遵守的可能性就会大打折扣。

第六节

外大陆架划界的发展趋势

一、划界主张存在大量重叠

在各国的划界提案和初步信息中，主张重叠屡见不鲜。英国延伸马尔维纳斯群岛大陆架涉及与阿根廷的争端，划分北大西洋罗卡尔岛有待与冰岛、丹麦、爱尔兰磋商；法国延伸法属圭亚那的大陆架申请遭到英国、西班牙和爱尔兰等国的抵制；孟加拉湾的孟加拉国、印度和缅甸互存争议。实际上，各国外大陆架划界主张重叠源于各海域已经存在的主权争端和划界冲突，外大陆架划界只是将这些矛盾重新显示了出来。有些颇有争议的划界案委员会肯定不会审议，但是对提案国而言，无论审议与否，通过提交外大陆架划界案都达到了宣示主权的目的。因此，除了争夺自然资源的动机之外，宣示主权也是沿海国提交外大陆架划界申请的重要原因。

二、部分申请成为许多国家的选择

实践中，如果有关划界案涉及划界争端或者其他相关海上或陆上争端，利害关系国往往通过递交外交照会发表评论意见的方式表达关切或反对，而此种评论意见可能足以阻止委员会审议存在海上或陆上争议的划界案。但《委员会议事规则》附件一的第三条建议，为暂时回避争端，沿海国可就其一部分的大陆架提出划界案，以不妨害以后可能就国家间划定大陆架任何其他部分界限所涉及的问题。该规定导致一些沿海国为回避争议而仅仅先就无争议的部分先行提出了外大陆架划界申请。以委员会已经审议的17个划界案为例，大部分都是部分申请。对于俄罗斯2001年提交的划界案，委员会就因为日本的反对而拒绝审议其在鄂霍次克海的申请，并建议其提交一个不包括争议地区的部分申请。再如，法国2007年提交的划界案也由于瓦努阿图的抗议而被迫要求委员会不审议涉及争议岛屿的那一部分申请。

除了避免争端之外，部分申请的另一个好处是沿海国可以通过集中力量，增加申请获得委员会认可的可能性。外大陆架的划定涉及复杂的法律、科学和技术问题，由于在某一问题上经常存在科学认识上的差异，因此原则上任何申请都不可避免地存在一定程度的不确定性。而如果申请国的主张与审议时公认的结论有所差别，除非该国提供充分的证据，否则很难得到委员会的认可。在这种情况下，一国先对有充分证据的海域提出部分申请无疑是明智的，对于可能面临许多科学、技术和财政方面问题的发展中国家特别适用。

三、各国重视程度提高，申请投入力度加大

由于外大陆架丰富的自然资源及提交划界申请所产生的宣示主权效应，各国对于外大陆架申请这一"蓝色圈地运动"越来越重视，投入力度加大。以提交申请的我国周边邻国为例，各国对外大陆架申请事项的重视程度提高可见端倪。2009年5月7日，越南向委员会提交了所谓南海北区部分划界案；2009年5月6日，越南和马来西亚联合向委员会提交了关于南海南部200海里外大陆架的部分划界案；2019年12月12日，马来西亚又提交了涉及南海的部分划界案。

四、极地问题引起普遍关注

（一）南极地区

对南极正式提出领土要求的国家有七个，即澳大利亚、新西兰、阿根廷、智利、法国、英国、挪威，主要针对的是南纬60°到南极点的扇形区域。目前，对南极领土提出主张的七国均已向大陆架界限委员会正式提交了划界案或部分划界案，特别是澳大利亚、挪威、阿根廷、智利四国在其划界案中都对南极洲领土主权及南极洲大陆架提出明确主张，即大陆架延伸至南极条约体系的适用范围内。

众所周知，南纬60°以南的南极地区是南极条约体系的适用范围。《联合国海洋法公约》确定12海里的领海宽度，承认专属经济区的建立，并发展大陆架制度和建立国际海

底区域，如果将这个制度生搬硬套至南极海域，无疑会对南极条约体系既存的法律构成挑战。南极地区悬而未决的主权问题和南极海域富饶的自然资源引发的大陆架之争，使南极条约体系与国际海洋法，特别是《联合国海洋法公约》之间形成了既矛盾又互补的关系。随着南极领土主张国开始对南极地区大陆架提出明确主张，南极地区的大陆架划界已经不再仅仅是对南极条约体系的潜在影响，而是对南极条约体系的实质挑战。虽然南极领土主权冻结之现状无法被撼动，但各利益攸关国还是会利用《联合国海洋法公约》来争取南极海洋权益。[①]作为《南极条约》的缔约国和协商国，我国在南极地区大陆架问题上该采取何种态度、采取何种方式来维护我国在南极地区的正当权益，是我国科学界和法学界必须共同思考的重要议题。

（二）北极地区

北极地区的法律制度和南极不同，它没有一个完整的条约体系。现行有关北极地区的国际法规只局限于解决某一具体问题，尚无将北极地区或北冰洋作为一个整体加以管理的法律。北极国家间就北极海域的管辖权问题存在不少争议，长期体现为关于"扇形原则"的分歧。北冰洋沿岸国美国、加拿大、冰岛、挪威、丹麦（格陵兰岛）、芬兰和俄罗斯已分占完北极地区周围的陆地（包括岛屿）。目前，对北极地区的争夺主要是北冰洋国家对北极海域的争夺。

在巨大的经济和政治利益的驱动下，北冰洋沿海国，除美国外，都已批准加入《联合国海洋法公约》，以《联合国海洋法公约》建立的大陆架制度为法律依据，纷纷加紧开展北极地区的科研调查，为划定本国大陆架外部界限做好充足准备，以最大程度地拓展本国的大陆架范围，争取本国利益最大化。俄罗斯、挪威、美国、加拿大和丹麦五个北冰洋沿海国家，除美国以外，均已经向委员会提交了涉及北冰洋的划界案。美国虽仍未批准加入《联合国海洋法公约》，但绝不可能放弃北极地区大陆架的主权，为了进一步维护其在北极地区的地位，美国也在加强推进《联合国海洋法公约》的签署工作。北极地区事关全人类的共同利益，必须引起我们的关注。

---

① 刘唯哲，CHEN Jueyu.《联合国海洋法公约》对南极海域争端的影响与启示［J］.中华海洋法学评论：中英文版，2020，（3）：31.

委员会面临的问题与挑战

从1997年大陆架界限委员会成立至今，已走过20多年。一方面，随着科学技术的发展，深海资源开发越来越成为可能，相关沿海国也会越来越重视外大陆架界限问题，划界案的数量也逐步提升，并且从当前外大陆架划界的进展来看，未来委员会面临的划界案审议工作将是长期的和艰巨的。另一方面，随着外大陆架划界案审议进程的发展，涉及《联合国海洋法公约》条款适用、委员会职权划分与建议效力等问题也逐渐显现。

一、《联合国海洋法公约》第76条相关条款的解释与适用

在《联合国海洋法公约》条款适用问题上，针对外大陆架划界中所出现的洋脊条款、《谅解声明》运用等模糊地带，还需要委员会结合具体实践做出明确解释或规定。从目前所提交的划界案来看，大部分沿海国都对《联合国海洋法公约》相关规则和条款进行了扩大化解释，以便最大限度地扩展其大陆架范围。为防止在划界实践中因对相关条款的不同解释而造成外大陆架的不合理扩展，影响国际海底区域范围，维护全人类的共同利益，委员会作为《联合国海洋法公约》规定的审议沿海国外大陆架划界案的权威机构，应充分发挥其在解释《联合国海洋法公约》及其附件过程中涉及大陆架事项的职能，就外大陆架划界实践中存在的各种问题尽早做出建议，减少外大陆架划界中出现的各种分歧，以促进外大陆架划界工作的标准化和规范化。

二、委员会审议划界案进度问题

根据委员会的议事规则，其将按划界案递交的先后顺序进行审议。由于涉及复杂的科学技术问题，委员会审议划界案的进展缓慢。从2002年审结第一份划界案至今的20多年时间里，委员会共审议完成35份划界案，仅占目前委员会所收到的划界案总数的三分之一。对于各国提交的外大陆架划界案，委员会主要有全部审议、部分审议、推迟审议和不审议四种处理模式。即使委员会决定对某一国划界案进行实质性全部审议，很大程度上也会存在否定、不认可的结果，更何况事实上许多区域都还未能进入实质审议阶段，更不用说最终确立一国200海里外大陆架外部界限，这更加反映出委员会审议进程效率低、耗时长、情况复杂的特点。

从目前提交的划界案及委员会做出的回应来看，原因有以下三点。一是大部分划界案都存在权利交叠和划界争端。比如，英国与阿根廷在马尔维纳群岛大陆架划界问题上存在争端，英国与冰岛、丹麦、爱尔兰在划分北大西洋罗卡尔岛上有待磋商。各国出于对主权宣示的考量，即便未能与争议国家达成一致，也无意与相关国家取得共识，各自积极提交文件，徒增委员会的审查负担以及与各利益相关国的回复工作量。二是科学技术标准的多样性，以及全球地理、地质、地貌的复杂性，相关规范的抽象和概括性，导致委员会审查工作的难度增加。三是各沿海国在提交划界案时的多元因素考量与委员会作为纯粹技术性审查机构的结构性不对称。凡涉及海洋利益，各国都不会轻易让步和妥协。这样造成的结果就是影响委员会客观、公正、及时地履行其职能，加剧矛盾冲突。

三、委员会与第三方争端解决机构职务关系问题

在委员会与第三方争端解决机构职务关系问题上，大陆架界限委员会和第三方争端解决机构程序先后不明和职务范围界限不清的问题将随大陆架划界案和大陆架划界争端数量的增加而日益凸显。[①]

---

① 黄德明，黄哲东.大陆架界限委员会与第三方争端解决机构职务关系问题及其解决建议［J］.西北民族大学学报（哲学社会科学版），2021，（1）：87-98.

（一）委员会与第三方争端解决机构履职顺序不明

《联合国海洋法公约》将大陆架外部界限划定（以下简称"定界"）和大陆架划界（以下简称"划界"）确立为两项相互独立的内容。《联合国海洋法公约》第76条是关于大陆架的范围及确立的程序与实体规则，第83条是关于相邻或相向国家间大陆架界限划定的规则。同时，第76条第10款明确该条的规定不妨害海岸相向或相邻国家间大陆架界限划定的问题，但《联合国海洋法公约》并未就定界与划界是否存在程序先后做出规定。根据上述两条规则，双方履职似乎将陷入困境，委员会应待双方妥善解决争端，特别是双方已向争端解决程序提交划界争端的情况，应待第三方机构做出裁决再进行审议并做出建议。第三方机构应待委员会做出建议以确认外大陆架的外部界限后再进行划界，但具体实践中却已出现第三方机构认为自身对外大陆架划界无管辖权、等待对方先行做出建议/裁定、第三方机构先于委员会建议做出裁决等多种不同情形。此外，随着定界和划界工作的不断开展，可能会出现第三方机构做出的裁决与基于委员会建议划定的大陆架外部界限不一致的情况。

（二）双方业务范围存在重叠情况

虽然《联合国海洋法公约》对双方的职能分别做了规定，但实践中却存在交叉。一方面，委员会具有模糊的法律属性。虽然委员会是依据《联合国海洋法公约》建立的科学技术机构，但委员会的成立、运行与建议都是基于《联合国海洋法公约》规定，法律职能事实上成为委员会职能的一部分。另一方面，委员会建议可能产生法律效果。《联合国海洋法公约》第76条第8款规定，沿海国在建议的基础上划定的大陆架界限应有确定性和拘束力，表明外大陆架界限具有确定性和拘束力的前提是在建议的基础上划定，也明确了具有确定性和拘束力的外大陆架的定界既需要委员会的建议，也需要以建议为基础，委员会的建议在外大陆架定界中具有关键地位。委员会建议本身虽然只具有推荐性，但委员会建议在被提案国作为外大陆架定界依据的情况下，与提案国单方面的定界行为共同产生法律效果，使划定的大陆架外部界限具有确定性和拘束力。因此，建议本身并不具有约束力，但建议又将产生确定性和拘束力的法律效果。

此外，第三方机构也存在一定的科学属性。机构在《联合国海洋法公约》制度安排中应是解决争端的司法性质的机构，但却面临越来越多且越来越复杂的科学性质的工作。在处理大陆架划界争端及相关问题时，可能面临海洋科学、地质学、地貌学、水文学等领域的科学评估工作。而法官们通常缺乏科学学科的专业知识，在评估科学证据时是面临一定困难的。

面对划界案数量日益增长、未划定界限的海洋区域大量存在等情况，委员会还需要完成大量工作，为避免委员会与第三方争端解决机构就职权问题出现相应的冲突，有必要解决职务关系不明的问题。

中国政府代表团虽参与了第三次海洋法会议各期会议，但参与程度不高，发挥作用有限。鉴于《联合国海洋法公约》在近40年的实施中不断暴露出有待完善的领域，中国应在促进国际社会法治的基础上主动推动《联合国海洋法公约》机制的完善。在委员会和机构间关系问题上，提出中国方案和思路，使中国担当起最大发展中国家的角色，为世界和平稳定和繁荣发展做出贡献。①

① 黄德明，黄哲东.大陆架界限委员会与第三方争端解决机构职务关系问题及其解决建议［J］.西北民族大学学报（哲学社会科学版），2021，（1）：87-98.

第四章

国际海底管理局

4

CHAPTER

第一节

组织机构与作用

一、机构设置与人员构成

1994年11月16日，《联合国海洋法公约》正式生效，规定"国际海底及其资源是全人类的共同继承财产"。为了管理这种资源成立了国际海底管理局（ISA，以下简称"海管局"），代表全人类对国际海底区域（以下简称"区域"）进行管理。目前，海管局共有168个成员，包括167个国家和欧盟。海管局由大会、理事会、秘书处和企业部组成。

（一）大会

大会是海管局唯一由其所有成员组成的机关，是海管局的最高权力机关，其他各主要机关均应按照《联合国海洋法公约》的具体规定向大会负责。大会每年召开一次常会，经大会决定，或由秘书长应理事会的要求，或应海管局过半数成员的要求，可召开特别会议。

《联合国海洋法公约》第159条对大会的构成和决策做出了规定。大会由海管局的全体成员国共同组成，并且每一个成员国应有一名代表出席大会。大会过半数成员出席即构成法定人数，每一成员应有一票表决权。关于程序问题的决定，包括召开大会特别会议的决定，应由出席并参加表决的过半数成员做出；关于实质问题的决定，应以出席并参加表决的三分之二多数成员做出，这种多数应包括参加该会议的过半数成员。对某一问题是否为实质问题发生争论时，该问题应作为实质性问题处理，除非大会对关于实质性问题的决定所需的多数另做决定。将一个实质性问题第一次付诸表决时，主席可将就该问题进行的表决推迟一段时间，如经大会至少五分之一成员提出要求，则应将表决推迟，但推迟时间不得超过五日。此项规则对任一问题只可适用一次，并且不应用来将问题推迟至会议结束以后。对于大会审议中关于任何事项的提案是否符合本公约的问题，在海管局至少四分之一成员以书面形式要求主席征求咨询意见时，大会应请国际海洋法法庭海底争端分庭就该提案提出咨询意见，并应在收到分庭的咨询意见前，推迟对该提案的表决。如果在提出要求的那期会议最后一个星期以前还没有收到咨询意见，大会应决定何时开会对已推迟的提案进行表决。

《联合国海洋法公约》第160条对大会权能做出了规定。大会有权依照《联合国海洋法公约》各项有关规定，就海管局权限范围内的任何问题或事项制定一般性政策，设立为按照本部分执行其职务认为有必要的附属机关。这种机关的组成，应适当考虑到公平地区分配原则和特别利益，以及其成员必须对这种机关所处理的有关技术问题具备资格和才能。大会有权根据理事会的建议，审议和核准关于公平分享从"区域"内活动取得的财政及其他经济利益与依据《联合国海洋法公约》第82条所缴的费用和实物的规则、规章和程序，特别考虑发展中国家和尚未取得完全独立或其他自治地位的人民的利益和需要。大会有权审议和核准理事会依据其职权暂时制定海管局的规则、规章和程序及其修正案，这些规则、规章和程序应涉及"区域"内的探矿、勘探和开发，海管局的财务管理和内部行政以及根据企业部董事会的建议由企业部向海管局转移资金。大会有权审议关于"区域"内活动的一般性问题，特别是对发展中国家产生的问题，以及关于"区域"内活动对某些国家，特别是内陆国和地理不利国因其地理位置而造成的那些问题。大会有权经理事会按照经济规划委员会的意见提出建议，依《联合国海洋法公约》有关"区域"活动的生产政策的规定，建立补偿制度或采取其他经济调整援助措施。

（二）理事会

理事会是海管局的执行机关。《联合国海洋法公约》第161条对理事会的组成和表决程序做出规定，由大会按照《联合国海洋法公约》的规定选出的36个海管局成员组成。成员分为五组，包括四个消费国（A类）、四个投资国（B类）、四个生产国（C类）、六个代表特殊利益的发展中国家（D类），以及按照区域分布的18个席位（E类）。选举应在大会的常会上举行，理事会每一成员任期四年，但在第一次选举时，每一集团的一半成员的任期应为两年，理事会成员连选可连任。理事会应在海管局所在地执行职务，并应视海管局业务需要随时召开会议，但每年不得少于三次。理事会过半数成员构成法定人数，理事会每一成员应有一票表决权。关于程序问题的决定应由出席并参加表决的过半数成员做出。关于实质性问题的决定，依不同的事项，由出席并参加表决的三分之二多数成员做出，或以协商一致方式做出，"协商一致"是指没有任何正式的反对意见。就以上未予列出的问题，经理事会获得海管局规则、规章和程序或其他规定授权做出的决定，应依据规则、规章和程序所指明的本款各项予以做出，如果其中未予指明，则依据理事会以协商一致方式于可能时提前确定的一项予以做出。理事会应制定一项程序，使在理事会内未有代表的海管局成员可在该成员提出要求时或在审议与该成员特别有关的事项时，派出代表参加其会议，这种代表应有权参加讨论，但无表决权。

《联合国海洋法公约》第162条对理事会的权力和职务做出规定。理事会有权依《联合国海洋法公约》和大会所制定的一般政策，制定海管局对于其权限范围以内的任何问题或事项所应遵循的具体政策。此外，理事会还有权就海管局职权范围内所有问题和事项监督并协调《联合国海洋法公约》第十一部分规定的实施。理事会代表海管局在其职权范围内同联合国或其他国际组织缔结协定并经大会核准，审查企业部的报告、提出建议并提交大会。理事会有权核准工作计划，在法律技术委员会提出每一工作计划后60天内在理事会的会议上对该工作计划采取行动。理事会对"区域"内活动，根据经济规划委员会的建议，制定必要和适当的措施，以保护发展中国家不致受到该项中指明的不良经济影响。理事会向大会建议关于公平分享从"区域"内活动取得的财政及其他经济利益，以及依据《联合国海洋法公约》第82条所缴费用和实物的规则、规章和程序，特别顾及发展中国家和尚未取得完全独立或其他自治地位的人民的利益和需要。

理事会下设法律技术委员会（以下简称"法技委"）和财务委员会。法技委共有30名委员，委员根据政府提名产生，以个人身份任职，任期5年，主要负责制定国际海底区域资源探矿和勘探规章草案，协助承包者履行海管局的规则、规章和程序，审查承包者提交的关于勘探矿区的年度报告，审查承包者的海底活动工作计划，编写环境评估报告和制订环境监测方案等；财务委员会由政府提名并经大会选举产生的专家组成，任期5年，主要负责审查秘书长的两年期概算，并就此以及其他财务事项向大会提出建议。

（三）秘书处

海管局秘书处是海管局的日常办事机构，由秘书长一人和海管局所需要的工作人员组成，主要负责执行大会和理事会指定的日常事务。秘书长由大会从理事会提名的候选人中选举，任期4年，连选可连任。其他工作人员由秘书长任命，并具备执行海管局的行政职务所必需的合格的科学及技术条件。

秘书长是海管局的行政首长，在大会和理事会以及任何附属机关的一切会议上，应以这项身份执行职务，并应执行此种机关交付给秘书长的其他行政职务。秘书长就海管局的工作向大会提出年度报告；秘书处负责同国际组织和非政府组织的协商和合作。就海管局职权范围内的事项，秘书长经理事会核可，应做出适当的安排，同联合国经济及社会理事会承认的国际组织和非政府组织进行协商和合作。与秘书长订有安排的任何组织可指派代表，按照海管局各机关的议事规则，以观察员的身份参加这些机关的会议。秘书长可向各缔约国分发这些非政府组织就其具有特别职权并与海管局工作有关的事项提出的书面报告。

（四）企业部

企业部是海管局专门从事国际海底开矿业务的机构，其职务目前由秘书处代行，海管局秘书长任命一名临时总干事来监督秘书处履行这些职务，直至企业部开始独立于秘书处而运作为止。海管局通过企业部执行"区域"内活动以及从事运输、加工和销售从"区域"回收的矿物。企业部按照《联合国海洋法公约》、海管局的规则、规章和程序以及大会制定的一般政策行事，并受理事会的指示和控制。企业部的资金来自海管局。

海管局以所有成员主权平等的原则为基础，要求所有成员应诚意履行按照本部分承担的义务，以确保其全体成员享有的权利。可见，海管局实行所有成员国主权平等的原则，并代表全人类，为全人类谋福利。具体体现在所有缔约国都是海管局的当然成员；大会由海管局的全体成员组成，每一成员有一名代表出席大会，大会每一成员有一票表决权；理事会每一成员有一票表决权；各国在"区域"内的一般行为，应按照本部分的规定、《联合国宪章》所载原则以及国际法规则；从事"区域"资源勘探和开发的实体有责任确保"区域"内活动，对违反规定的义务而造成的损害负有赔偿责任；"区域"内活动应以全人类的利益为基础而进行，海管局应在无歧视的基础上公平分配从"区域"内活动取得的财政及其他经济利益；应促进发展中国家有效参加"区域"内活动，等等。

二、在国际海底资源开发与管理中的作用

（一）当前国际海底区域的国际形势

当前，全球海洋秩序进入加速演变期与深度调整期，"区域"活动形势发生重大变

化。"区域"活动由勘探向开采迈进，推动并加速了"区域"国际规则进程。同时，海洋强国加大以占有"区域"资源为目的的勘查研究，积极申请勘探矿区，并通过国际平台争取自身权益。

首先，"区域"活动由勘探向开发准备期过渡趋势愈发明显。深海勘查开发技术将主导"区域"资源的分配与开发权。目前，由于技术的不断成熟，"区域"资源的商业前景被看好，国际社会兴趣高涨，各国普遍加大关注和投入力度，国际海底采矿项目不断增多，海管局收到矿区申请并予以核准的增速明显加快。2000—2010年海管局仅受理并核准了8个多金属结核勘探合同，而2011—2019年勘探合同数量达到29个（其中多金属结核勘探合同数17个，多金属硫化物7个，富钴结壳5个）。目前，海管局批准并管理着30项勘探合同，中国占5项。目前，日本、韩国等制订了相关开采计划，欧盟"蓝色能源"计划决定向海底矿产资源项目投资，提出要集中研发深海采矿装置和特种船舶，美国的海洋计划也涉及深海矿产资源开发，国际海底矿产资源开采已初现端倪。"区域"开发处于从勘探向开采转型的关键时期，国际海底大规模商业开发已初具规模。

其次，"区域"勘探规章制定完成，"开发规章"制定工作已经启动。随着三大资源勘探规章的制定完成，以及"区域"资源商业性开发的日益临近，海管局已启动《开发规章》的制定工作，"区域"治理进入建章立制的关键时期。"开发规章"涵盖内容多，涉及利益复杂，协调起来更加困难。同时，"开发规章"还受到相关国际立法影响，包括国家管辖范围以外区域海洋生物多样性（BBNJ）协定。因此，其最终通过还有待时日。

第三，"区域"利益攸关方分歧依然较大。当前"区域"及其资源的战略价值日益凸显，发达国家争夺"区域"资源、谋求"区域"领导力的趋势明显。"开发规章"的制定折射出利益攸关方争议较大，大概形成三种立场：一是积极推动派，主要是英国、荷兰等技术发达国家，以及斐济、汤加等"区域"资源丰富国家，强调制定"开发规章"是当务之急。二是明确反对派，主要是国际海洋环保组织，表示在对深海采矿的环境影响进行充分论证之前，禁止颁发开采许可证。三是谨慎渐进派，包括我国在内的大多数国家强调全人类利益共享，兼顾商业和环保。

第四，"区域"竞争呈愈演愈烈之势。进入21世纪，世界各国纷纷聚焦深海战略空间拓展、资源圈占和科学技术发展，多金属硫化物和富钴结壳资源成为国际海底矿区申请的热点。近年来，天然气水合物、深海稀土资源成为国际社会关注的新焦点，各国加大投入造成"区域"资源勘探开发国际竞争的激烈态势。同时，越来越多的国家通过了国内立法，落实《联合国海洋法公约》要求的管理和控制"区域"活动的义务。目前，除我国以外，已有10多个国家完成"区域"资源勘探开发专门立法，世界各海洋大国在"区域"内的竞争呈愈演愈烈之势，竞争涉及资源、技术、法律等各个领域。美国为确保其战略资源的稳定来源及其在海洋高新技术方面的领导地位，保持开发技术研究的最高水平。日本出于对21世纪战略资源的需求，近年来在深海金属矿、天然气水合物和深海生物基因的勘查和开发技术研究方面的投资力度已居各国之首。韩国、印度等新兴工业国家也在为加快区域海底资源的争夺做准备，加快海洋科技的发展，加大对"区域"内热液硫化物和富钴结壳等矿物资源的选区调查，不无抗衡中国在公海存在的意味。

（二）在国际海底事务重点领域中发挥的作用

1.《战略计划（2019—2023）》

《战略计划（2019—2023）》反映了海管局在《联合国海洋法公约》和1994年《关于执行1982年12月10日〈联合国海洋法公约〉第十一部分的协定》（以下简称"《执行协定》"）中规定的任务和责任。它是通过广泛的公众咨询过程，与海管局的成员和观察员以及其他相关利益相关者协商制定的。最终，海管局大会在2018年7月26日第二十四届会议上通过了最终文件（ISBA/24/A/10）。该计划被采纳反映了海管局致力于以结果为基础的方法，并致力于成为最好和最有效的组织，同时它还强调了战略伙伴关系在履行海管局的作用和责任方面的重要性。该战略计划概述了海管局未来五年的战略方向，并概述了海管局在努力提供最佳服务以满足其成员需求方面的主要优先事项。

2019年7月，大会通过了《2019—2023年高级别行动计划》（ISBA/25/A/15），确定了实现战略计划目标所需的必要行动以及2019—2023年间的优先事项，与海管局实现其任务目标所需的行动有关。高级别行动计划还包括关键绩效指标，用于评估海管局在实现2019—2023年战略计划过程中的绩效。

2.国际海底区域海洋科研计划

促进和鼓励在"区域"内开展海洋科学研究，并协调和传播这种研究成果是海管局的使命。

海管局在2019年启动了DeepData数据库，该数据库将用作承包商提交并通过其勘探活动在"区域"内收集的所有深海底相关数据的全球存储库。当前，该数据库不仅包含从海底到海洋表面的海洋生态系统的生物、物理和地球化学参数，还包含承包商接受同行评审的期刊中的地图、照片、视频、图形和相关出版物。地理信息系统也是DeepData

功能的一部分，并允许可视化合同区域、保留区域和具有特殊环境意义的指定区域。

作为与"区域"内活动有关的数据和信息的全球存储库，"深层数据"是支持海管局组织和规范"区域"内活动的关键工具，确保对深海底矿产资源的勘查、勘探和开发进行有效管理，有效保护海洋环境，公平地分享从"区域"内海洋科学研究的成果中为人类造福的知识。

2017年，联合国大会公布了《2021—2030年联合国海洋科学促进可持续发展十年》（以下简称"《海洋科学十年》"），以促进科学研究和技术创新，支持更健康、可持续发展的海洋。该倡议由联合国教育、科学及文化组织政府间海洋学委员会（以下简称"教科文组织海委会"）牵头。联合国《海洋科学十年》的目标是海管局任务的核心，这些任务是促进和鼓励在国际海底区域进行海洋科学研究，并促进发展中国家参与深海勘探和研究计划。

认识到这些协同作用后，海管局致力于与教科文组织海委会的合作，以实现共同的目标，如改善有关深海生物多样性的知识共享和加强海洋观测网络。通过建立包容性、创新性和变革性的伙伴关系，教科文组织海委会和海管局可以共同实现其战略目标和联合国《海洋科学十年》的战略目标，以促进普遍采取行动，推动海洋科学为人类造福。

2020年海管局第二十六届大会通过了《国际海底管理局支持联合国海洋科学促进可持续发展十年的行动计划》。该行动计划是基于海管局《战略计划（2019—2023）》和《高级别行动计划（2019—2023）》认可的战略方向、高层行动和相关产出而制定的，特别强调并列出战略研究优先事项综合清单。这些清单一旦实现，将会使海管局对联合国《海洋科学十年》的执行工作具体化。同时，该行动计划对能力建设和发展、技术转让和沟通、利益攸关方参与以及海管局行动计划的执行、监测和审查等方面做出具体安排，用以支持联合国《海洋科学十年》的实施。

第二节 ···

国际海底管理局对国际海底制度的发展及实施

一、国际海底资源勘探和开发制度概述

"区域"内矿物资源的勘探和开发是国际海底制度的核心问题。

基础性法律文件是《联合国海洋法公约》第十一部分、《联合国海洋法公约》的两个附件及1994年《执行协定》，此外还有一些国际法文件对"区域"制度发展具有重大影响。在完成三大资源的探矿和勘探规章后，海管局正在就"区域"内矿物资源的开采和管理制定规则。

在第三次联合国海洋法大会上，发展中国家和发达国家就"区域"内矿物资源的开发进行了相当激烈的争论。发展中国家认为，由于发达国家拥有雄厚的资源和先进的技术，对于被界定为"人类共同继承财产"的"区域"内矿物具有勘探和开发利用的天然优势。因此，发展中国家认为，海管局代表全人类行使"区域"资源的管理权，应由海管局统一管理国际海底资源的勘探和开发，以加强海管局的权力。发达国家则基于公海自由制度认为，既然"区域"内矿物资源是人类共同继承财产，那么各类有能力进行勘探和开发的国际社会主体，包括国家、组织和企业甚至个人都有权进行勘探开发，只要这些主体将开发的区域概况，包括位置、面积和开发时间等向国际海底机构进行通知报备即可，开发主体的权利就可以被承认。[①]这两处观点都存在缺陷。前者虽然符合"人类共同继承财产"原则，也能够阻止一些发达国家对深海资源的掠夺，但是单独地由国际海底机构进行深海资源开发是不现实的，因其不具备开发

---

① 徐巍巍.国际海底区域资源开发法律制度研究［D］.杭州：浙江大学，2017：11.

资源的能力。而后者的观点显然削弱了海管局作为组织和管理"区域"内资源开发的国际组织的职能，也有违"人类共同继承财产"原则。因此，海洋法大会对此做出折中处理，最终采取了"平行开发制"。

依《联合国海洋法公约》第153条的规定，"区域"内活动应由海管局代表全人类进行，应按照《联合国海洋法公约》及其附件的其他有关规定，以及海管局的规则、规章和程序，予以安排、进行和控制。海管局应有权随时采取《联合国海洋法公约》第十一部分所规定的任何措施，以确保该部分的条款得到遵守和根据本部分或任何合同所指定给它的控制和管理职务的执行。海管局应有权检查与"区域"内活动有关而在"区域"内使用的一切设施。"区域"内的活动可由依《联合国海洋法公约》设立的海管局企业部进行开发，它可以直接牵头将有资金和技术的企业或个人组织起来进行开发；也可由缔约国或国营企业，或在缔约国担保下的具有缔约国国籍或由这类国家或其国民有效控制的自然人或法人，或符合《联合国海洋法公约》第十一部分及附件三规定的条件的上述各方的任何组合，与海管局以协作方式进行。（《联合国海洋法公约》第153条）"区域"内活动应按照一项依据《联合国海洋法公约》附件三所拟订并经理事会法技委审议后核准的正式书面工作计划进行。缔约国或其担保下的实体或个人，在按照海管局的许可进行"区域"内活动的情形下，其工作计划应按照附件三第三条采取合同的形式，这种合同可按照附件三第十一条做出联合安排。海管局为确保本部分和与其有关的附件的有关规定海管局的规则、规章和程序以及按照所核准的工作计划得到遵守，应对"区域"内活动行使必要的控制。缔约国应按照第139条中有关确保遵守《联合国海洋法公约》的义务和损害赔偿责任的规定，采取一切必要措施，协助海管局确保这些规定得到遵守。合同应规定期限内持续有效的保证，除非按照《联合国海洋法公约》附件三第18条和第19条的规定，不得修改、暂停或终止合同。

二、国际海底资源探矿与勘探规章

"区域"的建章立制卓有成效，完成了三大资源探矿与勘探规章制定，正在推进"开发规章"的制定，指导各国深海国内立法。

（一）完成三大资源探矿与勘探规章制定

根据《联合国海洋法公约》的规定，"区域"及其资源是人类的共同继承财产，任何国家不应对"区域"的任何部分或其资源主张或行使主权或主权权利,任何国家、自然人或法人也不应将"区域"或其资源的任何部分据为己有。对"区域"内资源的一切权利属于全人类,由海管局代表全人类行使(第136～137条)。《联合国海洋法公约》规定了进行"区域"活动的基本政策,即"区域"活动应有助于世界经济的健全发展和国际贸易的均衡增长,并促进国际合作,以谋求所有国家特别是发展中国家的全面发展。(《联合国海洋法公约》第150条)从"区域"内活动取得的财政及其他经济利益,应在无歧视的基础上公平分配。(《联合国海洋法公约》第140条)

自成立以来,海管局先后于2000年通过了《"区域"内多金属结核探矿和勘探规章》,于2010年通过了《"区域"内多金属硫化物探矿和勘探规章》,于2012年通过了《"区域"内富钴铁锰结壳探矿和勘探规章》,完成了"区域"内三种主要矿产资源的勘探规章的制定。这三个规章分别对多金属硫化物、多金属硫化物和富钴铁锰结壳的探矿和勘探活动做出了规范,对《联合国海洋法公约》尤其是附件三"探矿、勘探和开发的基本条件"中规定的原则和制度进一步具体化,明确了包括"探矿""勘探"等在内的相关概念、探矿和勘探活动的申请程序,规定了国家、国营企业以及其他实体申请在"区域"内从事多金属结核探矿、勘探的程序,核准工作计划的程序以及这类工作计划附带的基本法律和合同条件。该勘探规章对各国探矿和勘探"区域"内多金属结核的活动具有拘束力。

"区域"资源探矿和勘探制度是所谓的"平行开发制"。其基本内涵是:在"人类共同继承财产"的原则下,一方面"区域"资源的开发由代表全人类利益的海管局通过其企业部直接进行;另一方面由缔约国或在缔约国担保下的具有缔约国国籍或由这类国家或其国民有效控制的国营企业、自然人、法人或符合条件的上述各方的组合,与海管局以协作方式进行。但在实际操作中,一些发达国家实体通过在发展中国家注册子公司等手段获取了当地政府的担保,从而获得了发展中国家实体的身份,并向海管局提出勘探申请。由于海管局缺乏相应的标准,因此也未表示质疑并核准了此类申请,这就造成海底资源开发主体难以界定的问题。此外,发达国家对平行开发制也进行抵制,于是,1994年《执行协定》改变了《联合国海洋法公约》第十一部分的部分基本原则,通过削减海管局的权力、扩大先驱投资者的权利、撤销针对发展中国家的科技转让和资金支持等,大幅削减海管局的权力,向着更有利于发达国家的经济实体参与到海底资源的勘探开发、扩张发达国家参与能力的方向发展。

随着平行开发制弊端的显现,国际社会积极寻找解决方式。2010年和2012年通过的针对多金属硫化物和富钴锰结核的规章彻底修改了平行开发制，直接将平行开发制中的保留区制度演变成了申请者可以提供保留区或者为企业部提供一个联合企业安排中的股份代替保留区。联合企业安排在申请者签订开采合同之时生效，企业部在联合企业安排中应获得至少20%的股份，其中10%应为无偿获得，无须向申请者做出任何直接或间接支付，并在一切方面同申请者所持股份享有平等待遇；另10%的股份应在一切方面同申请者所持股份享有平等待遇，但在申请者收回其对联合企业安排投入的全部股本之前，企业部不得就这部分分享任何利润。这就意味着申请者不需要再勘探两片价值相当的海底区域，直接让企业部参股分得利润即可。这一修改极大地减少了申请者的勘探资本，却也违背了平行开发制最基本的初衷。

此外，三个规章都专门规定了保护和保全海洋环境的义务。一是依靠缔约国对"区域"内矿产资源开发利用活动进行担保来确保各国的企业和法人遵守"区域"海洋环境保护的相关规定。二是要求缔约国和海管局均"应采取《里约宣言》第十五项原则所表明的预防性方法"。《里约宣言》并不具有法律约束力，但是《锰结核勘探规章》和《多金属硫化物勘探规章》通过采纳第十五项原则而将其转化为具有法律约束力的规定。第十五项原则中对于预防性方法的解释在世界范围内得到广泛认可。三是《锰结核勘探规章》和《多金属硫化物勘探规章》规定环境影响评价是担保国的一项直接义务，因此担保国的此项义务包括两个方面：第一，与海管局合作建立和实施环境影响评价；第二，采取适当措施确保所担保的合同方履行其进行环境影响评价的义务。

（二）《国际海底资源开发规章》立法进程

海管局于2012年启动了"区域"资源开发规则的制定工作。2012年第十八届理事会会议提出了《关于拟订"区域"内多金属结核开发规章的工作计划》，决定"开始拟订关于'区域'内开发规则、规章和程序，最初重点在于多金属结核开发"，并且"将此类规章制定工作作为海管局工作方案的优先事项"。2013年海管局法技委出台了《努力制定一个"区域"内多金属结核开采监管框架》的技术文件，扼要地讨论了"区域"内矿产资源开发活动相关背景及监管制度建立可能的挑战及解决方案。2014年，法技委组织了一次对利益相关者进行的问卷调查。在综合考虑各利益相关者意见的基础上，2015年7月海管局第二十一次理事会上，法技委发布了《"区域"内开发活动规章草案框架构建》。此后，海管局每年都开展对利益相关者的问卷调查，并不断地进行修订，于2019年7月第二十五届会议上形成了较为完整的《"区域"内矿物资源开发规章》（第三稿）文本草案。

2020年受新冠肺炎疫情的影响，谈判节奏有所放缓，但海管局仍通过召开年度会议、举行相关研讨会、邀请各方提交书面意见等方式推进谈判进程。2020年2月，海管局第二十六届第一期会议就开发规章所涉财务、环保、决策、监管等实质问题进行了讨论，但多是各自表达立场，互动不多，也没有形成一致结论。其中财务方面主要是对缴费机制的讨论。该机制涉及深海采矿在商业上的可持续发展以及各方利益分配，是开发规章的核心问题。2021年6月瑙鲁总统致信海管局理事会主席，由瑙鲁政府担保的瑙鲁海洋资源公司准备提交"区域"内开发工作计划供理事会审议和核准。①瑙鲁的信函触发了1994年《关于执行〈联合国海洋法公约〉第十一部分的协定》附件相关条款，即该附件第一节第15段所要求的海管局理事会需在两年内通过《开发规章》和相关规则、规章和程序的制定，以便批准"区域"内矿物资源的开发工作计划。

虽然在《开发规章》谈判中，海管局秘书长、私人采矿承包者和支持采矿的国家推动在2020年底前完成谈判，但一些国家代表团呼吁制定强有力的环保法规，将2020年制定采矿行为准则的最后期限延后。科学家也警告称，如果允许开展深海采矿活动，全球生物多样性丧失将是不可避免的和永久性的。由此，深海开采与保护之间的紧张关系一直在慢慢加剧。

三、国际海底区域基因资源开发利用及其治理

（一）国际海底区域遗传资源的法律性质

遗传资源由《生物多样性公约》给出了间接定义，根据《生物多样性公约》第二条，生物资源包括"对人类具有实际或潜在用途或价值的遗传资源、生物体或其部分、生物种群或生态系统中任何其他生物组成部分"，遗传资源则被界定为"具有实际或潜在价值的遗传材料"，遗传材料被界定为"来自植物、动物、微生物或其他来源的任何含有遗传功能单位的材料"。也就是说，遗传资源是指来自植物、动物、微生物或其他来源的具有实际或潜在价值的任何含有遗传功能单位的材料，属于生物资源的一种。《生物多样性公约》（CBD）仅适用于国家管辖范围内生物多样性保护。1982年《联合

---

① 郝艺颖.国际海底区域矿物资源开发收益分配机制的构建与执行［J］.国际经济法学刊，2022，（1）：117-130.

国海洋法公约》规定了国家管辖范围外区域的各项制度，但没有明确海洋生物资源的物权属性，也未对"遗传资源"的概念做出界定。

从法理分析角度看，一方面，《联合国海洋法公约》明确了国家管辖范围外海域海洋生物资源分配的传统原则即"公海自由原则"，即"谁捕获谁拥有"，实际上是把海洋生物资源定位为"无主物"。但是随着近年来国际渔业管理规定越来越严格，海洋捕捞已不再是"绝对自由"。另一方面，《联合国海洋法公约》虽仅将"区域"内矿产资源认定为人类共同继承财产，但《联合国海洋法公约》第137条第1款规定："任何国家不应对'区域'的任何部分或其资源主张或行使主权或主权权利，任何国家或自然人或法人，也不应将'区域'或其资源的任何部分据为己有。"海管局专家认为，"区域"生物资源是指"在国家管辖之外的海床上或海床下不能移动或其躯体须与海床或底土保持接触才能移动的生物"。从这个角度看，"区域"生物资源（遗传资源）是"区域"的组成部分。可以说，尽管深海遗传资源独立于"区域"内矿产资源之外，但在认定"区域"遗传资源的法律地位时应适当参考《联合国海洋法公约》中对"区域"内资源的规定。

（二）当前国际立法的审议

1. BBNJ协定谈判中各方立场

鉴于目前国际法对"区域"遗传资源定位的模糊性，BBNJ协定谈判旨在对海洋生物资源的物权属性重新定位，将"无主物"定位为"共有物"，即把海洋生物资源像海底矿产资源一样定位为"人类共同继承财产"，以便所有法律主体分享获取"共有物"所产生的惠益。深海遗传资源的法律地位是BBNJ协定谈判中最主要的争论点之一，这既是该立法进程中要解决的事项之一，也将影响到今后海洋资源的分配格局。[①] 因此，相关各方都不会轻易做出妥协让步。

BBNJ协定谈判中在遗传基因资源及其获取和惠益分享议题下，发展中国家立场较为一致。苦于没有科学研究基础和能力，发展中国家普遍认为，国家管辖外海洋遗传资源应属于人类共同继承财产，希望能借此"强制"发达国家转让技术，提升科学技术能力和发展应用水平，并提供货币化的实际惠益。以77国集团、非洲联盟、小岛

---

① 王秀芬.国际海洋立法新动向与中国应对——以《国家管辖范围以外海域生物多样性国际协定》为视角 [J].吉首大学学报（社会科学版），2018（5）：65.

屿国家联盟（AOSIS）和拉美国家等为代表的发展中国家强调严格管制获取，坚持货币化与非货币化并行的惠益分享，要求设立分阶段、多层次、货币和非货币化共存的惠益分享机制。

美国、日本等发达国家主张获取和惠益分享的制度不应当与《联合国海洋法公约》规定的科研自由相抵触，坚持"公海自由原则"，不愿与发展中国家开展任何实质性的惠益分享，强调国家管辖范围外海洋生物多样性养护与可持续利用，仅分享原地收集的海洋遗传资源产生的惠益，在符合知识产权制度的前提下转让海洋技术。

2. 发展中国家立场的原因分析

综合发展中国家集团在相关国际进程中海洋议题的立场看，发展中国家集团内部利益多元化趋势、外部力量对发展中国家区域海洋治理的介入是导致发展中国家与我国在相关海洋议题的立场产生分歧的重要原因。

一是发展中国家集团内部利益多元化趋势。对海洋议题相关国际进程中发展中国家集团的立场进行梳理可以看出，一方面，由于易受地理因素的影响，小岛屿发展中国家、拉丁美洲和加勒比发展中国家尤为关注气候变化议题，非洲国家则更为关注国际社会对其援助的力度。同时，随着国际海洋议题讨论的深入，发展中国家也普遍认识到，除气候变化外，海洋污染、生物多样性保护、渔业治理、灾害预警、全球安全、区域一体化及可持续发展等领域也不能忽视，应树立海洋综合管理的观念，同各方利益相关者共同保护海洋。他们积极参与国际规则的制定如BBNJ协定谈判，寻求包括生物多样性保护、渔业治理、灾害预警等领域的国际合作，努力实现海洋生态的可持续发展。另一方面，发展中国家基于相关海洋议题具体观点的异同呈现不同的组合，究其原因，还在于各发展中国家（或集团）的利益诉求有所不同。在BBNJ协定谈判中，各发展中国家利益集团自身利益侧重点有所不同。77国集团关注于维护其谈判主导权；小岛屿国家联盟的主要关切则是BBNJ国际协定的实施不应对其造成不成比例的负担；菲律宾等群岛国家则强调其作为环境脆弱国家的身份；巴基斯坦强调"内陆发展中国家"的特殊需求；塞内加尔、非加太集团提出为了实现本协定的目标，帮助发展中国家特别是"最不发达国家和地理不利的国家"；印尼提出在履行合作义务时充分认识"群岛国家"的特殊需求。这种利益侧重点的不同导致发展中国家集团内部相关立场的分化。

二是外部力量介入区域海洋治理。随着南太平洋岛国战略地位的提升，世界大国在南太平洋岛国相继展开了公共外交角逐，美国、欧盟、日本、澳大利亚等国纷纷增强了对南太平洋岛国的公共外交力度。近年来，美国不断增加对南太平洋岛国的经济援助、加强与南太平洋地区论坛的关系、对南太平洋岛国进行访问。①欧盟与太平洋岛国保持着长期的关系，一直以来，欧盟非常重视参与该地区的海洋治理。欧盟通过太平洋共同体、太平洋岛国论坛与小岛屿发展中国家在海洋治理领域成为重要合作伙伴，针对发展中国家的利益需求提供援助，积极参与南太平洋地区的海洋治理实践。日本通过政府开发援助方式加大对南太平洋岛国政治、经济和社会发展的影响。日本与帕劳于2020年3月签署了总计3.5亿日元的"经济社会开发计划"援助协议，主要用于帕劳海上安全和基础设施的改善；日本还将另向帕劳提供约4亿日元援助。这种竞争性公共外交的存在，使一些发展中国家及其利益集团得到外部援助以及海洋治理方面的支持，从而摆脱或减轻了对发展中国家集团内部的依赖，这在一定程度上助长了发展中国家集团内部的分歧。由此，外部力量介入成为制约我国与发展中国家合作机制的潜在因素。更为严重的是，为了打破发展中国家形成的联盟，发达国家故意寻求与第三世界中的部分国家，而不是与"G77+中国"合作机制的整体进行对话。②

（三）国际海底区域遗传资源惠益分享的需求及能力建设

1. 国际海底区域遗传资源惠益分享的能力建设

BBNJ协定谈判进程中，有的国家强调发展中国家能力建设的重要性，建议规章附带一项明确和可衡量的工作计划，以加强能力和转让技术。非洲联盟迫切要求成员国和国际组织为了发展中国家参与而致力于自愿依托基金（The Voluntary Trust Fund）；印度确认了在印度洋建立区域环境管理计划的紧迫需求。

在能力建设和技术转让（CBTT）领域，发展中国家认为CBTT是各缔约国承担的一般国际义务，且提出了包括适当、可靠、负担得起、最新、环境友好、发展中缔约国可获取的形式在内，并与养护和可持续利用国家管辖外海域海洋生物多样性相关等技术转让要求。此外，应设立专门机构对接发展中国家的国家需求，确定能力建设和技术转让清单和类型，由专门委员会监测和审查各国执行情况，建立强制供资机制。

小岛屿国家联盟（AOSIS）的立场。太平洋小岛发展中国家（PSIDS）积极参与BBNJ协定谈判，在预备委员会会议阶段提出BBNJ协定文书"可以提供普遍的生物多样性保护指南或方法"。第二次政府间谈判会议前，南太平洋岛国召集区域筹备会议旨在

---

① 李德芳.中国开展南太平洋岛国公共外交的动因及现状评析［J］.太平洋学报，2014（11）：26-34.
② 孙学峰，李银林.中国与77国集团气候变化合作机制研究［J］.国际政治研究，2013，34（1）：88-102+2+1.

统一区域立场。与会国一致认为，南太平洋区域在BBNJ协定谈判中的优先事项是确保必须将"承认土著人民和地方社区的相关传统知识、顾及小岛屿发展中国家在现实发展中的特殊情况、考虑失去部分渔业经济收入的沿海国家利益"纳入BBNJ协定，最终目标是阻止海洋生物多样性的持续丧失，恢复海洋健康和弹性。

核心拉丁美洲国家集团（CLAM）请求在案文中纳入相关概念，认为"能力建设"是指旨在促进或提升学术、专业和技术培训的任何活动，包括知识和技能的交流，物理基础设施使用，体制建设，有关人员的沟通，科学信息、技术发展和创新的交流，通过公共信息和国家管辖范围以外地区有关海洋生物多样性的基础知识提高认识。CLAM要求确保发展中国家"获得因国家管辖范围以外地区的资源特别是海洋遗传资源而产生的科学资料并从中受益"；主张对发展中国家基于需求评估进行CBTT。提出可借助缔约方大会建立一种机制对接发展中国家的国家需求，制定CBTT转让清单，由专门委员会监测和审查各国执行情况，并"应"由缔约方会议定期审查、评估和修订。CLAM同意"确保根据本协定进行合作"，并支持包括"私营部门"在内的新加入的参与者。

2. 发展中国家需求初步分析

在BBNJ协定谈判领域，发展中国家集团要求受益的范围广，体现在海洋遗传资源的来源或形式比较宽泛，包括原地、异地、由电脑模拟的、作为数字序列信息（印尼、菲律宾、拉美）、作为遗传序列数据的海洋遗传资源；要求获得所有来源的遗传资源包括衍生物（菲律宾）在内的信息、由此产生的科学资料和技术转让，并从中受益。

发展中国家认可CBTT应当根植于其需求，且对这种需求的评估应是"确定的"而非"所了解的"。同时，强调以透明的方式进行，并促进协同与合作。

发展中国家主张建立强制供资机制。巴基斯坦支持建立惠益分享信托基金，特别考虑到内陆发展中国家的特殊情况，支持设立全球能力建设基金；非洲集团提出能力建设须是"有意义的"，倡导既要"授人以鱼"，更要"授人以渔"，通过教育、技术培训、联合研究等方式，切实提升发展中国家在国家管辖范围外海洋生物多样性养护与可持续利用方面的内生能力。

四、指导各国在深海资源勘探领域的国内立法

发达国家正力图将未来"区域"内的资源开发纳入自己的法律机制内运行并适时影响国际社会的立法风向。日本正在开展深海可燃冰的生产试验；加拿大计划在全球首先

实现深海矿产资源商业化开采；美国、日本、德国等对"区域"内基因资源利用领先诸多国家，利用专利保护赚取高额利润；美国、英国、日本、新加坡等国颁布了针对"区域"资源开发的立法。截至目前，开展深海底活动立法的国家主要有27个（表4-1）。总体上看，各国在深海海底资源勘探开发立法上，除了共同关注《联合国海洋法公约》的要求以及本国的承诺，在具体内容上还有所不同，主要体现在法律的适用范围和执法机构的选择，勘探、开发主体的基本权利义务，以及履行管控责任的有关措施和主要制度设置等问题上。

《联合国海洋法公约》生效前，1964年，新西兰颁布了《大陆架法》；1980年，美国颁布了《深海海底硬矿物资源法》；1981年，法国颁布了《海底资源勘探和开发法》，英国颁布了《深海采矿法（临时条款）》；1982年，日本颁布了《深海海底采矿暂行措施》，苏联颁布了《苏联关于调整苏联企业勘探和开发矿物资源的暂行措施的法令》。

《联合国海洋法公约》生效后，"区域"资源开发国际法不断发展，各缔约国加快了相关国内立法。1994年，澳大利亚颁布了《联邦离岸资源法》；1995年俄罗斯颁布了《联邦大陆架法》，1998年颁布了《联邦专属经济区法》；2000年，捷克颁布了《国家管辖外海洋矿产资源勘察、勘探和开发法》；2009年，库克群岛颁布了《海底矿产资源法》；2010年，德国颁布了《海底开采法》。

《关于担保个人和实体从事"区域"内活动的国家所负责任和义务的咨询意见》（以下简称"《咨询意见》"）的发布推动了各国"区域"资源开发国内立法发展。2013年，斐济颁布了《国际海底资源管理法》；2014年，英国颁布了《深海采矿法》，汤加颁布了《海底矿产资源法》，比利时颁布了《深海海底区域资源调查勘探和开发法》；2015年，新加坡颁布了《深海海底开采法》。（表4-1）

表4-1　有关国家区域资源勘探开发立法

序号	时间（年）	国家	相关立法
1	1964	新西兰	《大陆架法》
	1991		《皇室矿产资源法》
2	1980	美国	《深海海底硬矿物资源法》
3	1980	法国	《深海海底矿物资源勘探和开发法》
4	1981	英国	《深海采矿法（临时条款）》
	2014		《深海采矿法》（修订）

序号	时间（年）	国家	相关立法
5	1982	日本	《深海海底采矿暂行措施》
	2011		《矿物法》
6	1982	苏联	《苏联关于调整苏联企业勘探和开发矿物资源的暂行措施的法令》
7	1990	赞比亚	《环境保护和污染控制法》
8	1994	澳大利亚	《联邦离岸资源法》
9	1995	俄罗斯	《联邦大陆架法》
	1998		《联邦专属经济区法》
10	1995	古巴	《古巴采矿法》
11	2000	捷克	《国家管辖外海洋矿产资源勘察、勘探和开发法》
12	2002	印度	《近海矿产（开发和监督）法》
13	2007	尼日利亚	《尼日利亚矿物和开采法》
14	2009	库克群岛	《海底矿产资源法》
	2011		《海底矿产示范协议》
	2019		《海底矿产法》
	2020		《海底矿产法修正案》
15	2010	德国	《海底开采法》
16	2010	阿曼	《矿物法》
17	2011	墨西哥	《墨西哥水下采矿法规及管理办法》
18	2013	斐济	《国际海底资源管理法》
19	2013	纽埃	《海洋区域法》
20	2014	汤加	《海底矿产资源法》
21	2014	比利时	《深海海底区域资源调查勘探和开发法》
22	2014	尼克罗尼西亚联邦	《海底资源法》
23	2014	图瓦卢	《图瓦卢海底矿物法》

续表

序号	时间（年）	国家	相关立法
24	2015	瑙鲁	《瑙鲁国际海底矿物法》
25	2015	新加坡	《深海海底开采法》
26	2016	中国	《中华人民共和国深海海底区域资源勘探开发法》
27	2017	基里巴斯	《海底矿物法》

第三节

勘探合同及其监督

一、勘探合同现状

"区域"面积约为2.517亿平方千米，约占地球表面积的49%。进入21世纪，世界各国纷纷聚焦深海战略空间拓展、资源圈占和科学技术发展，多金属结核、多金属硫化物和富钴铁锰结壳三种类型的海底矿产资源成为国际海底矿区申请的热点。近年来，天然气水合物、深海稀土资源也成为国际社会关注的新焦点。同时，越来越多的国家通过了国内立法，落实《联合国海洋法公约》要求的管控义务。世界各海洋大国在"区域"内的竞争呈愈演愈烈之势，竞争涉及资源、技术，法律等各个领域。截至目前，19份多金属结核、7份多金属硫化物和5份富钴结壳共31份勘探合同已经生效。

从1994年至2007年的13年间，国际海底管理局只收到8份多金属结核矿区勘探申请；2011年到2014年3年间，国际海底管理局新收到了6份多金属硫化物矿区勘探申请、4份富钴铁锰结壳矿区勘探申请以及8份多金属结核矿区勘探申请。截至2023年6月，国际海底管理局与22个承包商，签订了15年的深海海底多金属结核、多金属硫化物和富钴铁锰结壳勘探合同，共计31份，其中包括克拉里昂－克利珀顿断裂区（17份）、中印度洋盆地（1份）和西太平洋（1份）共19份多金属结核勘探合同，西南印度洋脊、中印度洋脊和中大西洋脊7份多金属硫化物勘探合同以及西太平洋5份富钴结壳勘探合同（表4-2）。中国、韩国分别签署了3种类型的海底矿产资源勘探合同。

自从2011年以来，各国与国际海底管理局签订的勘探合同数量从8份增长到30份，大约增长了3倍。各国对"区域"内资源的开发与利用都在迅速加码，国际海底管理局也由一个长期少人问津的国际组织迅速走到了台前，开发的矿种也由单一的多金属结核发展成到对"区域"内主要矿种的全覆盖。勘探调查的海底区域也由多金属结核的海底平原发展到了藏有硫化物以及富钴结壳的大洋中脊以及水深800米至4000米之间的海山、海脊和海台的斜坡和顶部。

表4-2　国际海底管理局签订的勘探合同

序号	承包商	合同			
		多金属结核	多金属硫化物	富钴铁锰结壳	共计
1	国际海洋金属联合组织	1			1
2	海洋地质作业南方生产协会	1			1
3	大韩民国政府	1	1	1	3
4	中国大洋矿产资源研究开发协会	1	1	1	3
5	深海资源开发有限公司	1			1
6	法国海洋开发研究所	1	1		2
7	印度政府	1	1		2
8	联邦地球科学和自然资源研究所	1	1		2
9	瑙鲁海洋资源公司	1			1
10	汤加近海开采有限公司	1			1
11	全球海洋矿物资源公司	1			1
12	英国海底资源有限公司	2			2
13	马拉瓦研究与勘探有限公司	1			1
14	新加坡海洋矿产有限公司	1			1
15	库克群岛投资公司	1			1
16	中国五矿集团公司	1			1
17	北京先驱高科技开发公司	1			1
18	俄罗斯联邦自然资源和环境部		1	1	2
19	波兰政府		1		1
20	日本石油天然气和金属国有公司			1	1
21	矿产资源研究公司			1	1

序号	承包商	合同			
		多金属结核	多金属硫化物	富钴铁锰结壳	共计
22	牙买加蓝色矿业有限公司（BMJ）	1			1
		19	7	5	31

（一）多金属结核勘探合同

多金属结核是大洋中发现最早、研究和勘探时间最长的海底固体矿产。有些国家为抢占该资源，在《联合国海洋法公约》生效前便投资调查多金属结核，探明30万平方千米多金属结核远景区后提出先驱投资者申请；申请经审查后，国际海底管理局将15万平方千米留下来作为保留区，将来或由国际海底管理局开发，或分配给发展中国家开发；另一半作为开辟区，交给申请者开发。为了防止先驱投资者在获得开辟区后不再进行勘探工作，又规定8年之内，还要对这15万平方千米的开辟区做更为详细的勘查，经选择后交回其中的一半，最后实际只留下7.5万平方千米的区域。早在2001年，国际海底管理局就颁布了6个勘探合同给先驱投资者，即中国、日本、法国、俄罗斯、韩国和国际海洋金属联合组织（保加利亚、古巴、斯洛伐克、捷克共和国、波兰和俄罗斯共同出资）。2000年7月13日，国际海底管理局通过《"区域"内多金属结核探矿和勘探规章》。截至目前，多金属结核勘探合同的数量达到19个（表4-3）。

表4-3　多金属结核勘探合同

承包者	生效日期	担保国	勘探区域大致地点	终止日期
1	国际海洋金属联合组织	2001年3月29日 2016年3月29日[a]	保加利亚、古巴、捷克、波兰、俄罗斯联邦、斯洛伐克	克拉里昂-克利珀顿断裂区	2016年3月28日 2021年3月28日
2	海洋地质作业南方生产协会	2001年3月29日 2016年3月29日[a]	俄罗斯联邦	克拉里昂-克利珀顿断裂区	2016年3月28日 2021年3月28日
3	大韩民国政府	2001年4月27日 2016年4月27日[a]	—	克拉里昂-克利珀顿断裂区	2016年4月26日 2021年4月26日
4	中国大洋矿产资源研究开发协会	2001年5月22日 2016年5月22日[a]	中国	克拉里昂-克利珀顿断裂区	2016年5月21日 2021年5月21日

续表

	承包者	生效日期	担保国	勘探区域大致地点	终止日期
5	深海资源开发有限公司	2001年6月20日 2016年6月20日[a]	日本	克拉里昂－克利珀顿断裂区	2016年6月19日 2021年6月19日
6	法国海洋开发研究所	2001年6月20日 2016年6月20日[a]	法国	克拉里昂－克利珀顿断裂区	2016年6月19日 2021年6月19日
7	印度政府	2002年3月25日 2017年3月25日[b]	—	中印度洋海盆	2017年3月24日 2022年3月24日
8	联邦地球科学和自然资源研究所	2006年7月19日	德国	克拉里昂－克利珀顿断裂区	2021年7月18日
9	瑙鲁海洋资源公司	2011年7月22日	瑙鲁	克拉里昂－克利珀顿断裂区（保留区）	2026年7月21日
10	汤加近海开采有限公司	2012年1月11日	汤加	克拉里昂－克利珀顿断裂区（保留区）	2027年1月10日
11	全球海洋矿物资源公司	2013年1月14日	比利时	克拉里昂－克利珀顿断裂区	2028年1月13日
12	英国海底资源有限公司	2013年2月8日	大不列颠及北爱尔兰联合王国	克拉里昂－克利珀顿断裂区	2028年2月7日
13	马拉瓦研究与勘探有限公司	2015年1月19日	基里巴斯	克拉里昂－克利珀顿断裂区（保留区）	2030年1月18日
14	新加坡海洋矿产有限公司	2015年1月22日	新加坡	克拉里昂－克利珀顿断裂区（保留区）	2030年1月21日
15	英国海底资源有限公司	2016年3月29日	联合王国	克拉里昂－克利珀顿断裂区	2031年3月28日
16	库克群岛投资公司	2016年7月15日	库克群岛	克拉里昂－克利珀顿断裂区（保留区）	2031年7月14日
17	中国五矿集团公司	2017年5月12日	中国	克拉里昂－克利珀顿断裂区（保留区）	2032年5月11日

续表

	承包者	生效日期	担保国	勘探区域大致地点	终止日期
18	北京先驱高技术开发公司	2019年10月18日	中国	西太平洋	2034年10月17日
19	牙买加蓝色矿业有限公司（BMJ）	2021年4月4日	牙买加	克拉里昂-克利珀顿断裂区（CCZ）	2036年4月3日

a 第二十二届会议（2016年）核准合同延期五年。
b 第二十三届会议（2017年）核准合同延期五年。

（二）富钴铁锰结壳勘探合同

2012年7月国际海底管理局第18届会议审议通过《"区域"内富钴铁锰结壳的探矿和勘探规章》，是3种矿产中最晚通过的。截至目前，富钴铁锰结壳勘探合同的数量达到5个（表4-4）。

表4-4 富钴铁锰结壳勘探合同

承包者	生效日期	担保国	勘探区域	大致地点	终止日期
1	日本石油天然气和金属国有公司	2014年1月27日	日本	西太平洋	2029年1月26日
2	中国大洋矿产资源研究开发协会	2014年4月29日	中国	西太平洋	2029年4月28日
3	俄罗斯联邦自然资源和环境部	2015年3月10日	–	太平洋中的麦哲伦山区	2030年3月9日
4	矿产资源研究公司	2015年11月9日	巴西	南大西洋的里奥格兰德海隆	2022年6月27日
5	大韩民国政府	2018年3月27日	–	太平洋北马里亚纳群岛以东	2033年3月26日

（三）多金属硫化物勘探合同

2010年4月26日至5月7日，国际海底管理局在牙买加金斯敦召开第16届会议，于2010年5月7日通过了《"区域"内多金属硫化物探矿和勘探规章》。此规章是海管局继《"区域"内多金属结核探矿和勘探规章》后制定的第二个深海"采矿法典"，对规范和促进国际海底区域资源的勘探及开采具有重要意义。规章出台后，中国、俄罗斯、韩国、法国、德国和印度先后提交了矿区申请并被核准。截至目前，多金属硫化物勘探合同的数量达到7个（表4-5）。

表4-5　多金属硫化物勘探合同

	承包者	生效日期	担保国	勘探区域大致地点	终止日期
1	中国大洋矿产资源研究开发协会	2011年11月18日	中国	西南印度洋洋脊	2026年11月17日
2	俄罗斯联邦自然资源和环境部	2012年10月29日	—	大西洋中脊	2027年10月28日
3	大韩民国政府	2014年6月24日	—	中印度洋	2029年6月23日
4	法国海洋开发研究所	2014年11月18日	法国	大西洋中脊	2029年11月17日
5	联邦地球科学和自然资源研究所	2015年5月6日	德国	中印度洋洋脊和东南印度洋洋脊	2030年5月5日
6	印度政府	2016年9月26日	—	印度洋洋脊	2031年9月25日
7	波兰政府	2018年2月12日	—	大西洋中脊	2033年2月11日

（四）我国签订勘探合同的情况

我国在推进人类开发"区域"的工作中，一直扮演着积极的角色。早在1991年3月5日，经联合国批准，代表我国的中国大洋协会在国际海底管理局和国际海洋法法庭筹备委员会登记注册为国际海底开发先驱者。此后中国大洋协会集中国内优势力量开展"区域"调查，目前已组织开展了50多个航次大洋科学调查，涉及多金属结核、多金属硫化物、富钴结壳、深海环境及生物多样性等多个领域，航迹覆盖三大洋，初步形成了"多种资源、多个海域、多船作业"的大洋调查格局。我国在"区域"的勘探开发工作发展迅速，成为全球第一个在两个大洋同时拥有勘探区块并针对已知所有矿种实施勘探的国家。

中国大洋协会于2001年与国际海底管理局签订了涉及东北太平洋克拉里昂-克利珀顿区（C-C区）7.5万平方千米的多金属结核矿区勘探合同，2011年与国际海底管理局签订了涉及西南印度洋1万平方千米的多金属硫化物矿区的勘探合同，2013年在西北太平洋海山获得了3000平方千米的富钴结壳矿区勘探合同。至此，中国成为第一个与国际海底管理局签订3种类型海底矿产资源勘探合同的国家。2017年，中国五矿集团公司与国际海底管理局签署了多金属结核勘探合同，开创了我国首次以大型企业为主体签署国际海底专属勘探合同的先河。截至2019年10月，我国已经在"区域"内拥有了5块具有优先开采权的矿区（表4-6），实现了由单一多金属结核资源向富钴结壳、多金属硫化物等多种资源，由单一的太平洋区域向印度洋区域拓展的重大转变，是目前全世界拥有"区域"内矿区最多的国家之一。

表4-6 中国"区域"资源勘探合同区分布表

类型	承包者	勘探区域	申请面积/平方千米	生效日期	终止日期
多金属结核	中国大洋矿产资源研究开发协会	东太平洋CC区	75000	2001年5月22日	2016年5月21日
				2016年5月22日	2021年5月21日
	中国五矿集团公司	东太平洋CC区	72740	2017年5月12日	2032年5月11日
	北京先驱高技术开发公司	西太平洋	148250	2019年10月8日	2034年10月17日
多金属硫化物	中国大洋矿产资源研究开发协会	西南印度洋脊	10000	2011年11月18日	2026年11月17日
富钴结壳	中国大洋矿产资源研究开发协会	西太平洋	3000	2014年4月29日	2029年4月28日

二、保留区制度

所谓的保留区制度是依《联合国海洋法公约》有权使用"区域"及其矿物资源的重要组成部分，这是《联合国海洋法公约》确保发展中国家使用深海矿物资源的方式之一。该制度的主要内容是，发达国家的每份勘探申请覆盖的总面积必须足够大且评估商业价值足以允许两个采矿作业，提议的这些区域不必是一个单一连续的区域，但要求申请者将总面积分成具有同等评估商业价值的两个部分，并提供调查资料和信息以证实评估价值。海管局法技委将对该申请做出评价，并审查申请者提供的资料和信息，以核实这两块区域具有同等评估商业价值。基于这些发现，法技委将向海管局理事会就哪一区域应分配给申请者，以及哪一区域应作为保留区提出建议。

最初的7个多金属结核保留区均是向海管局登记的先驱投资者（RPIs）提供的。这7个先驱投资者（表4-7），印度贡献了一个位于中印度洋海盆（CIOB）的保留区；其余6个先驱投资者分别贡献了一个位于C-C区的保留区。先驱投资者提供的资料包括该区域的地理坐标、转折点和采样位置、采样数据，以及测深地图，这些资料会转入海管局数据库。保留区内的这些采样数据包括2785个采样站，其中结核调查的采样站有2004个。站点资料包括坐标（经纬度）等，保留区的深度在4300米到5300米之间。

表4-7　提供最初7个多金属结核保留区的先驱投资者

名称	所属国家
印度政府	印度
海洋地质作业南方生产协会	苏联（俄罗斯联邦）
深海资源开发公司（DORD）	日本
海洋开发研究所	法国
中国大洋矿产资源研究开发协会（COMRA）	中国
国际海洋金属联合组织	保加利亚、古巴、捷克共和国、俄罗斯联邦、斯洛伐克、波兰
韩国政府	韩国

自1994年海管局成立以来，由于发布了新的多金属结核（PMN）勘探合同，保留区也随之增加。2005年，德国联邦地理科学与自然资源研究所提供了1个保留区，2012年比利时G-TEC海洋矿产资源公司和英国海底资源有限公司提供了保留区，且后者于2013年又提供了1个保留区。①多金属硫化物（PMS）和富钴结壳（CRC）适用不同的制度，由于申请者在收集充分的调查资料以识别两块同等评估商业价值过程中遇到的困难，海管局理事会决定赋予申请者选择权，或提供保留区，或提供未来在联合企业中的股份。

几个发展中国家已利用《联合国海洋法公约》的规定，对本国实体在保留区内的勘探活动提供担保。2011年，瑙鲁海洋资源有限公司（NORI）获得一份勘探合同，覆盖4个次区域，这些区域源于德国联邦地理科学与自然资源研究所、俄罗斯海洋地质作业南方生产协会和国际海洋金属联合组织贡献的保留区。同年，汤加近海矿产有限公司也获得一份勘探合同，覆盖6个次区域，源于德国联邦地理科学与自然资源研究所、日本深

① 张丹. 关于国际海底区域法律制度的研究-以保留区及平行开发制为中心［J］. 太平洋学报，2014，22（3）：16.

114

海资源开发公司、韩国政府和法国海洋开发研究所提供的保留区。2012年，基里巴斯担保的Marawa研究开发公司收到一份合同，位于韩国政府提供的3个区块内的3个区域。

中国五矿集团有限公司于2017年签署了一份勘探合同，申请区域分为8个区块，源于俄罗斯海洋地质作业南方生产协会、国际海洋金属联合组织和中国大洋矿产资源研究开发协会（COMRA）提供的5个不同的保留区。库克群岛投资公司签定的勘探合同覆盖3个不连续的次区域，这些与分配给比利时勘探且由其提供的次区域相邻。截止到2019年1月，海管局可用的保留区面积以及分配给发展中国家的保留区面积分别如下。（表4-8、表4-9）

表4-8 国际海底管理局可用的保留区（截止到2019年1月）

多金属结核承包者	最初面积（平方千米）	剩余面积（平方千米）	最终分配面积（平方千米）
印度政府-教育部	150000	150000	75000
日本深海资源开发公司	150000	123901	75000
法国海洋开发研究所	155440	139677	75000
俄罗斯海洋地质作业南方生产协会	132328	87531	75000
中国大洋矿产资源研究开发协会（COMRA）	150000	118518	75000
国际海洋金属联合组织（IOM）	150000	93898	75000
韩国政府	150000	68008	75000
德国联邦地理科学与自然资源研究所（BGR）	72744	31766	77230
英国海底资源有限公司	58280	0	57720
比利时全球海洋矿产资源公司	71937	0	76728
英国海底资源有限公司	74904	74904	74919
总计	1315633	888218	811597

表4-9　分配给发展中国家的保留区

承包者	担保国	分配面积（平方千米）
汤加近海矿产有限公司	汤加	74713
瑙鲁海洋资源有限公司	瑙鲁	74830
Marawa研究与勘探有限公司	基里巴斯	74990
海洋矿产新加坡PTE有限公司	新加坡	58280
库克群岛投资公司	库克群岛	71937
中国五矿集团有限公司	中国	72745
总计		427495

海管局开展了对保留区的初步资源评估，过程分三步：① 海管局数据库包括的资料和信息分析；② 所包含的资料和信息的确认和调整；③ 保留区内沉积物包含的矿产的地理统计分析和评价。秘书处遇到的一个问题是，不同的技术已用于为确定结核丰度而进行的收集样品和海底摄影。在一些区域内每隔10～15千米采样，在其他的区块采样距离却达到100千米。样品的化学分析程序在先驱投资者和以后的承包者之间也不同，每个程序都有自己的科学实验报告和过程。而且，一些先驱投资者使用传统的回声测深器，而其他承包者则使用多波束回声测深器，导致结果的重大不同。

三、年度报告和定期审查制度

各承包者就其每年开展"区域"内矿物资源勘探活动的情况提交年度报告。按照海管局制定的统一模板进行编制。秘书处对年度报告逐一做出初步评价，再由海管局法律技术委员会分三个工作组分别从地质和技术、法律和财务、环境等方面进行审查，对每一份年度报告提出具体意见，该意见由秘书长转递给每位承包者。近年来，承包者之间以及承包者与学术界之间的合作趋势明显，合作研究领域扩展到生物分类标准化、联合环境勘测和数据收集、与国际研究计划的联系、在特别环境利益区的采样工作。这些领域都是《C-C区环境管理计划》的组成部分。

根据海管局三大矿物资源探矿与勘探规章以及勘探合同标准条款4.4，承包者和秘书长应每隔五年对勘探工作计划的执行情况进行一次联合定期审查，秘书长向法律技术委员会及理事会报告审查情况。根据义务的不同，承包者可在一年中的不同时间向海管局法律技术委员会提交定期审查报告。法律技术委员会每年只举行两次会议，委员会成员在闭会期间对审查报告提出意见。秘书处并行进行自己的审查，整理其收到的咨询意见和评论，用于秘书长与承包者间的双边讨论，以最终完成审查。秘书处同时负责向法律技术委员会提交意见摘要，法律技术委员会就秘书处有关定期审查中提交的具体问题提出咨询意见。第二十五届会议上，法律技术委员会决定将定期审查作为其议程上的一个常设项目。这种定期审查对评估承包者工作计划的未来方向具有重要意义，有利于实现其目标。

但是，这种定期审查不同于年度报告，目前没有关于定期审查报告格式和内容的正式指导。这导致报告格式不一致，越来越多的承包者就格式和所需的详细程度征求秘书处的意见。定期报告内部流程的标准化将有助于缩小报告篇幅，有助于减少承包者的编写时间，有助于秘书处和法律技术委员会进行审查。第二十五届会议上日本石油天然气和金属国有公司提交了五年期审查报告和下一个五年期工作方案，英国海底资源有限公司提交了五年期审查报告，这些报告均被在安全网站上提供给委员会。中国大洋矿产资源研究开发协会就富钴铁锰结壳、全球海洋矿物资源公司就多金属结核、韩国就多金属硫化物提交了五年期定期报告。

四、国际海底区域制度实施情况定期审查制度

海管局第二十一届会议做出决议，根据《联合国海洋法公约》第154条的规定，对《联合国海洋法公约》设立的"区域"制度的实际实施情况进行一次全面和系统的审查。这一审查应在审查委员会的监督下，由独立咨询人进行。海管局第二十二届会议上对临时报告进行了审议，并由海管局秘书处、法技委和财务委员会提出建议，旨在改进该项制度运作的任何建议，并形成了最终报告。2017年8月海管局第二十三届会议将国际海底资源开发规章制定与国际海底制度定期审查列为重要议题，完成了首次对《联合国海洋法公约》设立的国际海底区域制度的实际实施情况的定期审查，并通过了审查委员会的最后报告。

报告对以下内容做出审查，且其中的部分要求已得到有效落实。主要包括：会议模式有所改变，2018年首次举行两次海管局理事会会议；设立新的自愿信托基金，资助发展中国家理事会成员参会；加强对成员国现行相关国内法的了解和研究等；制订了战略计划，落实定期审查报告的重要内容。中方认为，战略计划是未来一段时期海管局工作

的顶层设计，对推进国际海底事业向前发展具有重要意义。

同时，审查委员会也对《联合国海洋法公约》设立的国际海底区域制度的实施提出了建议。一是关于各担保国海底活动的管制问题，由担保国审查其国内法律，以管制其担保的个人或实体的活动，秘书长应不断更新相关国家的立法汇编。二是在开采阶段需要由法技委和理事会在活动监管框架范围内对海底勘探活动的法律权利和责任进行审议。三是完善审查年度报告和工作计划的程序；特别是随着商业海底采矿即将开始，应在保护和促全海洋环境方面取得进展，增加秘书处在环境政策、管理和规划领域的专门知识。四是促进和鼓励"区域"内的海洋科学研究，鼓励更广泛地与科学界以及与"区域"有关的深海科学项目和深海科学项目和举措开展互动协作；重点开展有效地监测与"区域"内活动有关的海洋技术发展情况。五是通过一项长期战略计划，界定海管局的战略方向和目标，包括有关共同财产、惠益分享、有效控制和支配地位，以及根据《联合国海洋法公约》第162条的要求设立指导和监督视察工作人员的适当机制以监测合规情况。同时，报告也强调了企业部的重要性，委员会在报告中建议法技委考虑深海采矿方面的发展，继续将企业部的运作问题作为重要事项加以处理。其中，《海管局战略计划2019—2023》已于2018年7月26日在海管局第二十四届大会上通过。

第四节

国际海底区域内活动担保国责任和义务

一、概述

　　《联合国海洋法公约》明确规定，缔约国必须为具有其国籍或其有效控制的深海底活动承包者提供担保，缔约国因此也承担着健全国内立法的义务，以及承包者不遵守《联合国海洋法公约》造成的损害的赔偿责任。根据现行深海底[①]采矿活动的担保制度，在有权申请勘探的主体中，除海管局企业部和缔约国外，其他主体都需要提交缔约国开具的担保书。这是因为海底资源开发风险很大，特别是在海洋环境损害方面，由国家作为担保者在一定程度上可以增强申请者的责任能力。根据各规章，担保国应是申请者的国籍国或有效控制国。由于公约的勘探开发制度规定，企业部、缔约国以外的申请者，要么是具有缔约国国籍并由缔约国担保的自然人或法人，要么是由缔约国或其国民有效控制的自然人或法人，符合以上要求才能够被核准"区域"内活动的工作计划〔《联合国海洋法公约》第153条第2款（b）项、附件三第四条第4款〕。因此，缔约国是所属国或控制国的地位。

　　《联合国海洋法公约》有关"人类共同继承财产"学说的建立，为所有国家提供了可随时进入和共享的大片海洋空间。值得注意的是，《联合国海洋法公约》关于"区域"的第十一部分的具体规定在于促进发展中国家有效地参与"区域"的活动，并特别地考虑发展中国家在该地区的矿物勘探和开采，其中最典型的就是所谓的"平行开发

---

①　本文所称深海底即指《联合国海洋法公约》第十一部分的国际海底区域（简称"区域"）。

制"（1994年协定予以修订）的实施。①

2008年，海管局收到两份在保留区域进行勘探的工作计划的申请。它们是由瑙鲁担保的瑙鲁海洋资源公司和汤加担保的汤加近海采矿有限公司提交的。然而，像瑙鲁一样的许多发展中国家，一方面尚未具备在国际水域进行海底采矿的技术和财政能力，另一方面还面临着无法负担此类活动有关的潜在法律风险，而这一点是极为重要的，因为由此风险产生的赔偿费用将远远超过瑙鲁的财政能力。因此，可能出现的情况是，像瑙鲁这样的发展中国家可能被排除在有效地参与"区域"活动之外。实际上，2009年一些缔约国出于对勘探所造成损害的赔偿责任问题的担心，而对这两个国家在财务能力和有效控制方面提出质疑，并向海管局提交了质疑文件，请求延期审查这两个申请。为此，从法律角度澄清担保缔约国的损害赔偿责任，是摆在国际社会面前的一个迫切需要回答的问题，尤其是在全球性深海底开发不断加强的今天。根据《联合国海洋法公约》第191条，经海管局申请，国际海洋法法庭海底争端分庭将海管局活动范围内提出的法律问题作为紧急事项，并于2011年提出了《咨询意见》。

二、担保国的责任与义务

《联合国海洋法公约》中明确对担保缔约国的损害赔偿责任做出规定的是第139条第4款，而从整体上看，该条的主题反映出两个方面的内容，一是缔约国遵守《联合国海洋法公约》的义务，一是缔约国的损害赔偿责任。依一般法理，法律义务是指法律关系主体依据法律规范必须为一定行为或不为一定行为，以保证权利人权利的实现或不侵犯权利人的权利。当负有义务的主体不履行或不适当履行自己的义务时，则应承担相应的责任。也就是说，责任的承担是以违反现有的既定义务为前提的，是一种违反义务的后果的规则。

担保缔约国的损害赔偿责任的核心规定的是《联合国海洋法公约》第139条第4款，但是该条必须和第235条、附件三第4条第4款和第22条联系起来解读。第139条规定了作为支配"区域"的一项原则，缔约国有责任确保"区域"内活动依照本部分进行："1. 缔

---

① 平行开发制将区域的勘探和开发置于ISA控制之下。所有未来的勘探和开采活动（无论是一个国家实体或私人实体进行）需要由UNLOS缔约国担保，并且必须申请ISA批准勘探工作计划和开发许可证。发展中国家则根据平行开发制，工作计划中区域的一个部分被保留用于ISA与"发展中国家"的活动。这些部分称作"保留区"。

约国应有责任确保'区域'内活动，不论是由缔约国、国营企业，或具有缔约国国籍的自然人或法人所从事者，一律依照本部分进行。国际组织对于该组织所进行的'区域'内活动也应有同样义务。2. 在不妨害国际法规则和附件三第二十二条的情形下，缔约国或国际组织应对由于其没有履行本部分规定的义务而造成的损害负有赔偿责任；共同进行活动的缔约国或国际组织应承担连带赔偿责任。但如缔约国已依据第一五三条第4款和附件三第四条第4款采取一切必要和适当措施，以确保其根据第一五三条第2款（b）项担保的人切实遵守规定，则该缔约国对于因这种没有遵守本部分规定而造成的损害，应无赔偿责任。3. 为国际组织成员的缔约国应采取适当措施确保本条对这种组织的实施。"

第235条规定，各国有责任履行其关于保护和保全海洋环境的国际义务，各国应按照国际法承担责任，其中规定："2. 各国对于在其管辖下的自然人或法人污染海洋环境所造成的损害，应确保按照其法律制度，可以提起申诉以获得迅速和适当的补偿或其他救济。3. 为了对污染海洋环境所造成的一切损害保证迅速而适当地给予补偿的目的，各国应进行合作，以便就估量和补偿损害的责任以及解决有关的争端，实施现行国际法和进一步发展国际法，并在适当情形下，拟订诸如强制保险或补偿基金等关于给付适当补偿的标准和程序。"

附件三第4条第4款规定："4. 担保国应按照第一百三十九条，负责在其法律制度范围内，确保所担保的承包者应依据合同条款及其在本公约下的义务进行'区域'内活动。但如该担保国已制定法律和规章并采取行政措施，而这些法律和规章及行政措施在其法律制度范围内可以合理地认为足以使在其管辖下的人遵守时，则该国对其所担保的承包者因不履行义务而造成的损害，应无赔偿责任。"

附件三第22条规定："承包者进行其业务时由于其不法行为造成的损害，其责任应由承包者负担，但应顾及有辅助作用的海管局的行为或不行为。同样，海管局行使权力和职务时由于其不法行为，其中包括第一六八条第2款所指违职行为造成的损害，其责任应由海管局负担，但应顾及有辅助作用的承包者的行为或不行为。在任何情形下，赔偿应与实际损害相等。"

第139条规定了担保缔约国的损害赔偿责任，即缔约国对没有履行《联合国海洋法公约》第十一部分规定的义务而对造成的损害承担赔偿责任。同时，也说明了限制或者说免除责任情形，即如果缔约国已经采取一切法定的必要和适当措施且客观上能够保证所担保的人切实地遵守，那么因被担保人没有遵守而造成的损害，缔约国或国际组织不承担赔偿责任。而附件三第4条第4款对此重申："担保国应按照第一三九条，负责在其法律制度范围内，确保所担保的承包者应依据合同条款及其在本公约下的义务进行'区域'内活动。但如该担保国已制定法律和规章并采取行政措施，而这些法律和规章及行政措施在其法律制度范围内可以合理地认为足以使受其管辖下的承包者切实遵守时，则该国对其所担保的承包者因不履行义务而造成的损害，应无赔偿责任。"承包者不切实遵守的行为即附件三第22条的不法行为，此时，承包者要为这种行为承担赔偿责任。如果说第139条明确了损害赔偿责任，那么第235条就涉及这种责任的实施，各国要从法律制度和国际合作方面确保补偿的实现。

针对第139条所谓的"本部分规定的义务"，总结《联合国海洋法公约》相关条款，可以得出以下结论。

一是海洋环境保护的普遍性义务。第145条规定，应按照本公约对"区域"内活动采取必要措施，以防止、减少和控制对包括海岸在内的海洋环境的污染和其他危害，并防止干扰海洋环境的生态平衡，特别注意使其不受诸如钻探、挖泥、挖凿、废物处置等活动，以及建造和操作或维修与这种活动有关的设施、管道和其他装置所产生的有害影响；并且保护和养护"区域"的自然资源，防止对海洋环境中动植物的损害，以确保切实保护海洋环境。第192条规定，"各国有保护和保全海洋环境的义务"，也就是保护和维护整个海洋环境。这一义务延伸到区域之外开展的活动。

二是法律法规制定及执行的义务。第209条第2款规定："……各国应制定法律和规章，以防止、减少和控制由悬挂其旗帜或在其国内登记或在其权力下经营的船只、设施、结构和其他装置所进行的'区域'内活动造成对海洋环境的污染。这种法律和规章的要求的效力应不低于第1款所指的国际规则、规章和程序。"

三是采取一切必要和适当的措施，防止、减少和控制海洋环境污染措施的义务。第153条第4款从勘探和开发制度的角度规定"缔约国应按照第一三九条采取一切必要措施，协助海管局确保这些规定得到遵守"。第194条第2款规定，"各国应采取一切必要措施，确保在其管辖或控制下的活动的进行不致使其他国家及其环境遭受污染的损害，并确保在其管辖或控制范围内的事件或活动所造成的污染不致扩大到其按照本公约行使主权权利的区域之外"。该条第3款（c）规定，"各国应采取措施，旨在最大可能范围内尽量减少来自用于勘探或开发海床和底土的自然资源的设施和装置的污染，特别是为了防止意外事故和处理紧急情况，保证海上操作安全，以及规定这些设施或装置的设计、建造、装备、操作和人员配备的措施"。

四是国际合作的义务。其中包括：第197条，在全球性或区域性基础上的合作。各国在为保护和保全海洋环境而拟订和制订符合本公约的国际规则、标准和建议的办法及程序时，应在全球性的基础上或在区域性的基础上，直接或通过主管国际组织进行合作，同时考虑到区域的特点。第198条，即将发生的损害或实际损害的通知。当一国获知海洋环境有即将遭受污染损害的迫切危险或已经遭受污染损害的情况时，应立即通知其认为可能受这种损害影响的其他国家以及各主管国际组织。第199条，对污染的应急计划。第198条所指的情形下，受影响区域的各国应按照其能力，与各主管国际组织尽可能进行合作，以消除污染的影响并防止或尽量减少损害。为此目的，各国应共同发展和促进各种应急计划，以应付海洋环境的污染事故。第200条，研究、研究方案及情报和资料的交换的义务。

三、国际海底区域内有关活动赔偿责任担保的国外立法

1. 概况及主要内容

《联合国海洋法公约》规定，缔约国有义务健全国内法律制度，那么目前国外对于海洋环境损害赔偿是如何规定的呢？

美国、德国、英国、法国、日本、意大利等国都有针对深海底活动的专门立法，这些国家的立法不同程度地、以不同形式规定了环境保护义务，目前仍然有效。但是，应当注意的是，这些立法出台的背景是为了挑战和抵制《联合国海洋法公约》。例如，美国于1980年6月28日通过《深海底硬矿物资源法》（ the U.S. Deep Seabed Hard Mineral Resources Act ）。该法指出，"共同继承财产"需要各国同意通过国际海洋法对此一原则加以明确定义。在国际海洋法尚未生效前，美国政府需要制定过渡性法律规范，以保障国内矿采业者的权利，且于"共同继承财产"尚未被赋予明确定义前，深海床资源开发系基于"公海自由原则"，仅不得对深海床及其资源主张主权或主权权利或行使任何管辖权［第2节（b）（1）～（5）］。[1]这些国家在其环境基本法或专门的环境损害赔偿法或单项立法中建立了针对（所有或特定）有害于环境的活动的强制性责任担保（保险）制度。如德国、芬兰、瑞典、俄罗斯等国的制度是针对所有有害活动的，而美国的制度则是针对有毒有害物质经营、处理、运输和越境转移领域的。

---

① 詹勇铭. 现代国际海洋法中关于深海床天然资源探勘、开采之新制度—国际海床管理局操作之研究［D］. 中国台北：东吴大学，2006：65.

美国未加入《联合国海洋法公约》，它以单边立法形式制定了《深海底硬矿物资源法》。美国也没有加入任何污染损害的国际公约，而是通过国内法针对特定危险活动分别规定强制性责任担保制度，这些危险活动包括民用核领域、海洋和内陆石油运输领域、有毒有害物质经营、处理、运输和越境转移领域等。例如，在海洋和内陆石油运输领域，美国并未参加1969年《国际油污损害民事责任公约》，而是通过国内立法建立了强制责任保险制度；美国于1990年制定了《油污责任保障法》（以下简称1990年《油污法》），根据该法，凡是到美国港口的油轮必须有相应的财务保证书，或者是银行出具的有关油轮赔偿责任的担保，或者是保险方出具的财务保证书；美国的《清洁水法》也规定，所有进入美国的船只必须投保责任保险，用以支付可能造成的水污染；美国《超级基金法》为了保证责任人有支付清理费用的能力，要求所有经营危险物质的船舶或设施的所有人、危险物质运载工具的所有人或经营人等潜在的责任人，必须建立和维持保险、担保债券、信用证和自我保险等形式的财务担保。[①]

1976年《资源保全与恢复法》授权美国联邦环保局发布行政命令，要求业者就日后对第三人的损害赔偿责任和关闭估算费用等进行投保；该法还要求土地填埋设施的管理者、地面贮存和土地处理单位的管理者，为非突发或非事故性事件（如渗漏和对地下水的渐进性污染）提供经济赔偿能力证明，包括保险、保证、信用证、自我保险等。目前在美国的50个州中，已经有45个州出台了相应的危险废物处置责任担保制度。

德国环境污染责任担保采取的是强制责任保险与财务保证或担保相结合的制度。德国《环境责任法》规定，有害于环境之设备的所有人应保证其能够履行因设备引发环境影响导致的人身伤亡、健康受损或财产损失而负的赔偿责任。这些保证可以由以下方式之一提供：一是通过与在本法适用范围内有权从事经营活动的保险公司签订责任保险合同；二是由联邦或某个州承担履行担保或保证责任；三是由在本法适用范围内有权从事经营活动的信用机构提供履行担保或保证责任，但以该信用机构保证提供相当于责任保险的金钱保障为限。[②]

芬兰也确立了环境污染损害责任的强制保险制度。芬兰《环境污染损害赔偿法》和《环境污染损害保险法》确立了环境污染损害的强制保险制度。芬兰《环境污染损害赔偿法》规定，所有可能对环境产生危害的企业都必须在保险公司购买环境保险，根据企

---

① 王曦. 美国环境法概论［M］. 武汉：武汉大学出版社. 1992：104，381.
② 参见德国《环境责任法》第19条第1款和第2款的规定。

业的规模和可能产生的环境危害的程度，保险金额从1000到30万芬兰马克不等。

瑞典《环境保护法》第10章"环境损害保险"规定，根据《环境损害赔偿法》，为赔偿某些情况下受害人的损失，政府或者政府指定的机构应当按照批准的条件制定保险政策（环境损害保险）；依本法或依本法发布的命令从事需要许可证和需审批的活动（即对环境有害的活动）的人，应当按照政府或政府指定机构制定的价目表缴纳一定数额的保险金。[①]

2. 国外立法的特点及评价

综观国外有关"区域"活动的环境立法，分析得出其特点在于将环境保护义务置于申请审批阶段以达到预防的目的。部分国家在有关法律中将环境保护列为国际海底区域资源勘探和开发许可证持有人的重要义务。如英国法律规定："勘探许可证或开发许可证均应载有为避免或减少任何此种有害影响（指对海洋环境的有害影响）而认为必要或适宜的条款和条件。"法国法律规定："勘探许可证或开发许可证的持有人应遵守法国当局为确保海洋环境、矿床养护而赋予的义务。"美国法律要求将环境保护措施规定为许可证的条款，所制订的任何可适用的环境影响报告书中的分析和资料，据合理推测不可能对环境质量产生重大的有害影响时，才能颁发许可证或执照。此外，各国对深海底活动的环境保护义务的规定不尽相同；各国均颁布了专门的环境损害赔偿责任法或环境污染责任保险法；各国均建立了强制性环境污染责任保险制度。总之，无论是通过环境基本法，还是制定专门的环境损害赔偿法，各国都建立了强制性环境污染责任保险制度，为实务部门的工作提供必要的法律依据和程序。

基于此可知，环境法的国内立法具有一定的历史局限性。限于当时的国际背景，相关国内立法主要是为了对抗《联合国海洋法公约》。目前，除了美国还未批准《联合国海洋法公约》外，其他国家都批准了《联合国海洋法公约》，那么其效力又如何呢？如果《联合国海洋法公约》已经构成习惯国际法，那么对《联合国海洋法公约》非缔约国也具有约束力；如果认为《联合国海洋法公约》尚未形成习惯国际法，则反之。不过，美国已经在其国内法中规定，未来形成国际上公认的制度后则依照国际法的规定。

---

① 参见《瑞典环境保护法》第65条的规定。

第五节

国际海底区域环境保护与监管

一、《联合国海洋法公约》相关条款

《联合国海洋法公约》规定了沿海国的环境保护义务与责任。依《联合国海洋法公约》的规定，"各国有保护和保全海洋环境的义务"（第192条）；各国应按照公约对"区域"内活动采取必要措施，以确保切实保护海洋环境，不受这种活动可能产生的有害影响（第145条）；要求各国在最大可能范围内尽量减少污染，其中包括来自在用于勘探或开发海床和底土的自然资源的设施装置的污染（第194条第3款）；"在有重要证据证明海洋环境有受严重损害之虞的情形下，不准由承包者或企业部开发某些区域"（第162条第1款第24项）。依《联合国海洋法公约》，所有《联合国海洋法公约》缔约国都是海管局的当然成员（第156条第2款）。因此，《联合国海洋法公约》所有缔约国都有履行《联合国海洋法公约》框架下关于保护海洋环境的义务。

海管局是缔约国依《联合国海洋法公约》应通过其组织和控制"区域"内活动，特别是管理"区域"资源的组织（《联合国海洋法公约》第157条）。海管局有义务对"区域"内的活动采取必要措施，以切实保护海洋环境。为此目的，海管局应制定适当的规则、规章和程序，以防止、减少和控制对包括海岸在内的海洋环境的污染和其他危害，并防止干扰海洋环境的生态平衡，特别注意使其不受诸如钻探、挖泥、挖凿、废物处置等活动，以及建造、操作或维修与这种活动有关的设施、管道和其他装置所产生的有害影响，以便保护和养护"区域"的自然资源，并防止对海洋环境中动植物造成损害。（《联合国海洋法公约》第145条）

二、国际海底区域矿物资源开发与环境保护的讨论

关于深海采矿和环境保护的关系问题，海管局第十八届大会上提出"逐步建立'区域'内活动的管理机制"，指出海管局应发挥重要作用，确保根据《联合国海洋法公约》和1994年《协定》建立适当的管理机制，为未来"区域"矿产资源的勘探和开采提供充分的使用权保障，同时确保有效保护海洋环境。"区域"矿产资源的勘探和开发置于"人类共同继承财产原则"之下，因此勘探和开发应受到这一原则的约束；同时，保护和保全海洋环境的义务是各国的应尽义务，勘探和开发活动也要受到这一原则的约束。海管局大会为"区域"矿产资源的勘探和开发奠定了平衡考虑开发与环境保护的基调[①]，但是，实践中形成截然不同的两类观点。

一类观点强调环境保护，认为深海环境特殊，深海采矿可能对深海环境造成不可挽回的损失。深海采矿将不可避免地对海底产生扰动，破坏海底底栖生物的环境甚至直接杀死运动能力弱的底栖生物，导致矿区的底栖生物多样性降低；采矿废水排放对水体的污染可能对表层水体的生物多样性有危害，等等。而深海底部具有与陆地不同的生物多样性，但其生态系统由于生产力极低而异常脆弱，在人类对其了解不充分时开展深海采矿活动可能对海洋环境造成不可逆转的破坏。

另一类观点强调资源开发，认为深海采矿对海底环境的影响是可控的，并且相比于陆地采矿污染程度更低，所以应当鼓励。[②]此外，从深海矿产社会需求的角度看，如果房屋建造缺少金属原料，那么陆地原始森林很快会被采伐破坏；风力发电、电动汽车等现代环保产品比传统产品需要更多的（深海）矿产资源。因此要求保障资源开发的权利，主张"只有形成可持续的矿物资源回收，人类共同财产的价值才能得以实现"。

这两派观点在"开发规章"的制定过程中体现为各种不同的甚至针锋相对的主张。形成了两派，即"环保派"和"开发派"。"环保派"主张对深海采矿活动赋予苛刻的环境监管要求，如世界自然基金会、荷兰、绿色和平组织、深海保护联盟及深海生物学家。已取得勘探区块的"开发派"则强调环保要求不能影响开发活动的执行，如日本、

---

① "共同"原则下的商业开发模式的同时"确保有效保护海洋环境"的基本原则，由此为"区域"矿产资源开采奠定了须均衡考虑开采与环境保护的基调。参见：刘少军，杨保华，刘畅，等.从市场、技术和制度看国际海底矿产资源的商业开采时机[J].矿冶工程，2015，35（4）：4.

② 刘少军，杨保华，刘畅，等.从市场、技术和制度看国际海底矿产资源的商业开采时机[J].矿冶工程，2015，35（4）：4.

新加坡、汤加等。究其原因，除学科和行业差异导致观点不同外，背后的利益追求应是重要的影响因素之一。例如，日本、法国等技术能力强，强调应考虑商业可行性。而资源需求不大的国家，如新西兰；陆地资源输出国，如澳大利亚；以及无实力的发展中国家等，均呼吁开发规章制定工作应该谨慎行事，以确保环境保护，应该及时地发布最新案文以供会间以及理事会讨论。相应地，这些国家在"采矿规章"的制定中不断提出各种苛刻的环境标准、设立环境保全区等来限制甚至禁止国际海底采矿。

三、国际海底区域环境管理计划

根据《联合国海洋法公约》，海管局有义务采取措施，确保海洋环境不受"区域"内活动可能带来的有害影响。海管局的职责是管理和开发"区域"内矿产资源，海管局管理着深海生物多样性所面临的风险，通过了关于"区域"内的活动的法规，监测进行勘探和开采的承包者的活动，促进特别是关于采矿活动对环境的影响的科学研究。

海管局理事会要求法技委改进"区域"环境管理制度，通过所有利益相关方提供投入，加强有关环境保护、监测、评价和关闭计划的条款的完善，提供一个强有力的环境管理政策框架。海管局第二十四届大会上，法技委指出建立一个总括环境管理政策框架的重要性，以及此种框架下的区域环境管理计划的重要意义。

（一）区域环境管理计划的依据及其性质

区域环境管理计划有关的《联合国海洋法公约》条款包括第145条、第165条第2（e）款和第162条。区域环境管理计划被认为是确保依照《联合国海洋法公约》第145条有效保护海洋环境的重要工具。

这一点在海管局多个文件中有所体现。例如，海管局《战略计划（2019—2023）》要求运用区域环境管理计划作为保护海洋环境的手段。通过采用标准化办法制订计划，更有效地实现战略计划中整体环境政策的目标。

区域环境管理计划是海管局根据《联合国海洋法公约》第145条制定出来的环境保护政策，是为有效保护海洋环境而应采取的"必要措施"。虽然海管局决定制定区域环境管理计划的依据是根据《联合国海洋法公约》分配给海管局的权力和职能，但区域环境管理计划本身并不是法律文书，而是环境政策文书。区域环境管理计划作为一种积极的划区管理工具，是海管局在战略层面采取的重要环保措施。

海管局就区域环境管理计划是否具有强制性的问题开展研究。正在制定中的"开发规章"要求承包者依照相关区域环境管理计划做出环境影响报告（草案第47条）、环境管理和监测计划（第48条）、关闭计划（附件八）。这就涉及另一个问题：包括区域环境管理计划在内的环境管理政策框架"需在多大程度上反映在'开发规章'草案中"？

海管局第二十五届会议上，秘书处建议理事会将此作为关键领域之一。考虑在规章框架下制订和实施这类计划的法律背景，秘书处认为，"作为一项环境政策，理事会可决定在执行区域环境管理计划之前，不得在相关区域授予开发合同。然而，理事会不需要为做出这一决定制定一项规章"。正如克拉里昂-克利珀顿区（C-C区）区域环境管理计划表明的那样，"根据《联合国海洋法公约》第一六二条和第一四五条，理事会已经拥有制定环境政策和采取必要措施的权力"。此外，"开发规章"草案旨在规范海管局与承包者之间的法律关系。鉴于此，理事会似乎没有必要通过规章来约束自己，而且这在法律上也不适宜。法技委指出应进一步讨论的问题包括：区域环境管理计划在"开发规章"草案中的作用、利益攸关方包括沿海国代表和传统知识拥有者参与有关讲习班的情况、区域环境管理计划与其他全球和区域进程之间的联系、建立透明和包容各方的进程的重要意义等。法技委成立了区域环境管理计划工作组，处理该议程项目下提出的一系列问题，以便为秘书处今后开展工作提供指导。

有的利益相关方认为，在启动开发活动前应首先制订区域环境管理计划，此类计划应是采矿的先决条件。因为"可能促进对深海海底采矿进行更广泛的环境管理，为承包者增加确定性和促进采用预防性方法"。有的利益相关方则指出，鉴于区域环境管理计划是一种政策工具，这不应成为采矿的障碍。

（二）制定区域环境管理计划的标准化机制

海管局第二十六届会议上，理事会审议了由德国和丹麦提交、哥斯达黎加为共同提案国的2个提案，即《区域环境管理计划制定、核准和审查程序》提案和《区域环境管理计划最低要求模板》提案。最终，理事会通过了《关于"区域"内区域环境管理计划制定、核准和审查标准化办法的决定》。《区域环境管理计划最低要求模板》提案就区域环境管理计划的内容及其与"区域"内活动的关系问题提出了标准化办法和结构化的前进方向。

有观点认为，区域环境管理计划制订过程中"收集和分享数据的透明度是首要考虑因素"，应"通过透明和包容的进程制定，让所有利益相关方参与，包括与拟议计划空间范围毗邻的沿海国"。"一些利益攸关方主张海管局针对'区域'内矿物资源开发规章草案所述环境计划和执行情况评估，建立一个独立审查机制。"在理事会第二十四届会议期间，比利时代表团提出了一份题为"加强海管局环境科学能力"的非正式文件。这份非正式文件提出了"在申请阶段对环境计划进行独立评价和在开发阶段进行环境审查和监测的建议，并且讨论了与加强法律和技术委员会及秘书处的环境专门知识有关的事项"。利益攸关方针对区域环境管理计划的独立审查机制发表了一般性评论，着重指出可通过加强具体的规章条款规定独立专家审查。这些条款包括：根据"开发规章"草案第50条进行执行情况评估或汇编执行情况评估报告，并根据"开发规章"草案第59条独立评估关闭后监测和管理情况。一些利益攸关方还表示，应通过透明程序征求专家咨询意见，并且应确保专家库中有不同地域和文化的代表。其他利益攸关方建议建立一份合格专家名册，这个名册可用于对具体主题事项进行独立审查。

（三）区域环境管理计划的实施

海管局理事会法技委于2011年7月13日发布了《克拉里昂－克利珀顿区环境管理计划》，以便在克拉里昂－克利珀顿区实行区域环境管理计划，保护该区域的海洋环境免受勘探活动所可能产生的有害影响。此后，理事会于2012年7月26日发布了《有关克拉里昂－克利珀顿区环境管理计划的决定》并予以实施。该环境管理计划是"区域"内第一个获准实施的区域环境管理计划。

此外，有关大西洋中脊北部区域（北部沿线）多金属硫化物区域环境管理计划、西北太平洋富钴铁锰结壳的区域环境管理计划正在制订当中。海管局于2019年11月25日至29日在葡萄牙、2020年6月在俄罗斯，与欧洲联盟委员会赞助的大西洋区域环境管理计划项目合作举办两个讲习班，以支持制订"大西洋中脊北部区域的区域环境管理计划"。2020年2月在韩国举办了西北太平洋区域讲习班。一些代表团肯定了C-C区断裂区和大西洋中脊北部区域环境管理计划取得的进展，并强调有必要在印度洋等其他优先区域制订此类计划。

此外，海管局也在积极推动国际海底区域内其他矿区的区域环境管理计划。理事会举办了关于区域环境管理计划的两次研讨会。2018年5月，海管局和中国大洋矿产资源研究开发协会在中国青岛举办了"关于在西北太平洋富钴铁锰结壳的区域环境管理计划"研讨会；同年6月，海管局又与波兰什切青大学共同举办了"为大洋中脊的多金属硫化物沉积物制订区域环境管理计划框架"研讨会。除此之外，2020年还制定了此类计划的拟议路线图。

（四）C-C区区域环境管理计划

作为一项由海管局制定的环保政策，区域环境管理计划规定了区域环境保护的要求和目标。C-C区区域环境管理计划规定了特别环境利益区的大小，以及进行梯度管理的要求等。除此之外，C-C区区域环境管理计划还提出了该区域环境管理的总目标、战略目标、业务目标以及管理目标。这些目标为参与"区域"内相关活动的主体提供了有效的指导。

C-C区区域环境管理计划最初执行期为三年，包括临时指定一个由9个特别环境利益区组成的网络，并决定以灵活方式适用该计划，以便随着承包者和其他有关机构提供更多的科学、技术、环境基线和资源评估数据改进该计划。理事会法技委根据各次讲习班的成果，就特别环境区域网酌情向理事会提出建议，以便在必要时重新界定特别环境区规模、地点和数目的具体细节。

（五）建立特别环境利益区

尽管潜在深海采矿活动可造成的影响程度尚不清楚，但这些地区不应受实际活动的直接影响，也不应受羽流等采矿所致后果的间接影响。C-C区位于东北太平洋，该区域现有16个多金属结核勘探合同，这些勘探活动及未来的开采活动是否会对该区域的海洋环境、生态以及动植物带来有害影响，是海管局最为关切并积极加以研究的问题。[①]管理海洋环境中的人类损害性活动的最佳做法一般涉及使用空间管理工具，包括设立保护区，保护被认为代表管理地区内所有各种生态、生物多样性及生态系统结构和功能的地区。在克拉里昂-克利珀顿区内，一些地区需要禁止可能进行的采矿活动，以保护和保全海洋环境。C-C区区域环境管理计划建立了一个由9个特别环境利益区组成的代表性网络，作为区域管理工具发挥作用。根据理事会的决定，在五年内或在法技委进一步审查之前，不得在这些地区进行勘探或开发。

（六）建立保全参照区

保全参照区的概念在《联合国海洋法公约》或1994年《执行协定》中均未被定

---

① 张克宁，朱珍梅. 国际海底区域环境管理计划评析——基于克拉里昂-克利珀顿区实践［J］. 边界与海洋研究，2020，5（1）：15.

义，而是在《区域内多金属结核探矿和勘探规章》第31条第7项中做了界定："'保全参照区'是指不得进行采矿以保护具有代表性的稳定的海底生物群，以便评估海洋环境中动植物群的任何变化的区域。"保全参照区网络的建立将有助于实现以下三个目标：海管局机关的环境监管功能；监测承包者的活动；从海洋环境保护研究中获取更多知识。另外，C-C区内的保全参照区所提供的科学资料对于通过规则、条例和程序是有用的，这些规则、条例和程序将纳入按照尽早启动环境监管程序这一思路制定的保护和保全海洋环境的适用准则。这还将促成根据现有的、充分的科学资料，定期审查环境法规和建议。

第六节 ∙∙∙

国际海底区域内活动收益公平分配制度研究

一、国际海底区域活动收益公平分配问题讨论的发展脉络

《联合国海洋法公约》和1994年《执行协定》以及海管局有关规则和规章为各缔约国参与"区域"资源开发构建了法律框架，提供了基本的规范保障。但是，由于历史局限性，这一法律框架并未就"区域"内矿物资源开发阶段的收益分配做出更具可操作性的安排。当前，国际海底事务正处于从勘探向开发过渡的关键时期，"区域"矿物资源商业开发的可能性不断提高，而相关制度构建相对于开发活动实践存在滞后性。正在进行的"开发规章"的谈判中，"区域"矿物资源开发惠益分享制度的构建成为焦点问题之一。

"区域"惠益分享制度的讨论和研究最早出现在1971年联合国秘书长报告中。这是实施《联合国海洋法公约》第140条迈出的第一步。随着《联合国海洋法公约》的生效以及海洋划界事务的基本完成，各国将关注重点逐步从"区域"资源权属问题转向资源开发与收益分配问题。随着"开发规章"谈判的深入，"区域"矿物资源开发惠益分享问题逐渐浮出水面并成为利益攸关方最为关心的问题。[①]《联合国海洋法公约》第140条集中体现了"区域"资源开发惠益分享的核心内容，并提供了法律规范上的指导。该条要求海管局"公平分配'区域'内活动所获得的财政及其他经济利益"[②]，海管局

---

① 秦笑.论国际海底区域资源开发与分享法律制度［D］.南昌：南昌大学，2021.

② "财政及其他经济利益"除了货币化的利益，还有非货币化的利益，主要包括生态系统功能、服务、科学研究、能力建设与技术转让过程中所获得的利益。非货币化利益容易随着深海采矿的推进而变化，难以量化分析。因此，国际社会更加关注货币化收益的分配。参见：郝艺颖.国际海底区域矿物资源开发收益分配机制的构建与执行［J］.国际经济法学刊，2022（1）：117-130.

《2019—2023高级别行动计划》（2019—2023High Level Action Plan）将海管局"应以透明的方式制定相应的规则、规章和程序，确保公平分配财政及其他经济利益"作为其战略方向之一。但是，目前无论是《联合国海洋法公约》还是1994年《执行协定》都没有制定具体的收益分配规则，当前正在谈判中的"开发规章"也未明确一个清晰的价值取向。

2017年，海管局财务委员会（FC）采取了《联合国海洋法公约》第140条实施的第一步，明确确认了其职责之一是制定公平分享从"区域"内深海海底采矿所获财政及其他经济利益的规则、规章和程序，并就相关可适用的法律规定及需要解决的问题进行研究并审议，以供海管局下届会议就该事项进行初步审议。2018年秘书处提交了一份报告，协助财务委员会审议公平分享问题。其中确定了需要解释和详细阐述的关键要素，以及在"开发规章"制定的同时制定有关规则、规章和程序的建议。随着2018年海管局大会正式开启对"开发规章"的国际谈判，如何公平分享"区域"内采矿活动所获财政及其他经济利益及其分配标准的审议成为主要议题之一。

2019年至2021年，海管局财务委员会就"区域"内采矿收益公平分享的规则、规章和程序的拟订事项开展研究。2019年3月，财务委员会有关"区域"内活动取得的财政及其他经济利益的标准的研究报告首次提及"区域"内采矿收益分享问题[1]，并纳入所建议的分享标准。海管局第二十五届会议上，理事会和大会对此进行了审议。根据审议内容又编写了一份补充报告，其中根据相对不平等和全球社会福利方面的公认衡量标准，提出并评估了公正和公平分配可供分配的特定数额特许权使用费的三个备选公式。财务委员会还获得了一个基于网络的模型，可直观地了解和比较每个公式在不同情形下对海管局任一成员的影响。

为加强对"区域"内活动取得的财政及其他经济利益分享问题的深入研究，依《联合国海洋法公约》赋予海管局大会的权力[2]，海管局于2020年2月举行的第二十六届理事会会议上成立了"合同财务条款的制定和谈判不限成员名额工作组"（以下简称"不限成员名额工作组"），主要讨论缴费制度的选择问题，标志着财务委员会从2020年开始正式研究相应的收益再分配政策。

2021年7月21日，财务委员会在第二十六届会议上提交了一份关于"区域"内活动

---

① 曾文革，高颖.国际海底区域采矿规章谈判：理念更新与制度完善［J］.阆江学刊，2020，12（1）：13.
② 《联合国海洋法公约》第160条第2款第（d）项。

取得的财政及其他经济利益分享问题这一事项的全面报告，提出了初步研究的主要结论和建议，并提出需由大会提供明确政策指导的一系列问题。该报告由财务委员会提交理事会和大会，并于2022年7月进行了审议。理事会和大会建议财务委员会编写一份更详细的设立海底可持续性基金的提案，作为直接分配货币利益的替代方案，并就基金的目标、宗旨和管理、履约情况评价、决策透明度和适当机制等提出建议。财务委员会表示同意，并着手拟订提案提交第二十八届会议审议。除此之外，海管局第二十七届会议后，财务委员会将启动拟订有关第八十二条第4款分配所获资金的规则、规章和程序的专门工作。财务委员会表示将此项工作纳入财务委员会2023年工作方案中。2021年10月28日，海管局发布了题为"公平分享深海采矿的财务和其他经济利益"的技术研究报告（以下简称《2021年海管局报告》），这份报告被认为是海管局成立26年以来最重要的技术研究报告。

目前，从"开发规章"条文及其谈判进程看，"区域"内活动取得的财政及其他经济利益分享制度集中体现在第七部分有关开发合同的财政条款的讨论中。收益分享以追求平等的普惠价值为核心，其趋势关乎发展中国家"区域"内矿物资源权益。"开发规章"草案有关开发合同的财政条款围绕着共享的财政利益范围（缴费种类、缴费规则）、分配秩序（公平及公平分享的界定）等方面做出了规定[①]，并提出"区域"矿物资源开发收益分享与外大陆架开发收益分享的关联、依据特定国家和人群的利益和需求对相关受益人的分类问题等，都是亟待解决的问题。

二、外大陆架非生物资源开发收益缴付与分享制度的互动研究

根据《联合国海洋法公约》的规定，大陆架制度对外大陆架规定了包括其外部界限的标准（《联合国海洋法公约》第76条第5款）、确立外部界限的程序（《联合国海洋法公约》第76条第8款），以及外大陆架非生物资源开发收益应由国际社会分享（《联合国海洋法公约》第82条）等内容。虽然外大陆架制度是大陆架制度的组成部分，但是由于"区域"的存在而与其密切相关。"区域"是《联合国海洋法公约》确立的一项新的制度。在规范"区域"活动方面，《联合国海洋法公约》在很大程度地反映了以往国际文件及会议决议的内容，"确认存在不受国家主权管辖的国际区域，不能由国家或私人、

---

① 林家骏.国际海底区域矿产资源开发法律问题研究［D］.大连：大连海事大学，2020：122.

用任何手段据为已有。这一区域构成人类共同继承财产，并且其资源开发必须为了全人类利益特别是发展中国家的利益"。外大陆架制度以承认"区域"为"人类共同继承财产"这一原则为前提，因此与国际海底区域制度紧密相连。①

外大陆架开发与"区域"活动在资源开发的管理制度上有所不同。无论"区域"活动开发收益还是外大陆非生物资源开发，都涉及对相关缴付收益进行公平分配。通过对与此相关的《联合国海洋法公约》第82条第4款和第140条的分析，二者之间存在重大区别。第一，受益者不同。前者明确提到缔约国是费用或实物的受益者；后者则是所有国家。第二，享有优惠待遇的群体构成不同，获得优惠待遇的受益者不同。前者是发展中国家特别是"其中最不发达的国家和内陆国"的利益和需要；后者则是指一般的发展中国家。第三，海管局的作用根本不同。对前者而言，海管局的职能是作为向缔约国转交相关缴付的费用或实物的渠道，其作用纯粹是工具性的，也就是说这些资金不得用于支持海管局的预算、经济援助基金或可持续性基金；而后者是作为海管局的资金来源之一参与海管局的开支的。虽然存在重大区别，但是二者在实现公平分配的具体途径上仍有相互借鉴的可能。

尽管200海里以外大陆架与"区域"的资源开发制度在设置上有所不同，但是并不妨碍为了实现公平分享在技术层面相互借鉴。与"区域"活动开发所取得的财政和其他利益的分配类似，对于《联合国海洋法公约》第82条第4款而言，也有国家提出设立一个基金作为直接分配的替代办法。第三次联大海洋法会议上曾有一项提议，即如果一国未能遵守分享收益的义务，则海管局应有权采取适当措施，但该提议遭到了反对。通过这一提议可以看出，这一法律义务是否忠实地履行完全依赖于有关沿海国是否自觉地依《联合国海洋法公约》行事。海管局第二十七届大会期间，奥地利提醒大会，《联合国海洋法公约》第82条规定的海管局职能只是作为转交缴付的渠道，不能将缴付物用于自身目的。奥地利建议设立一个基金作为直接分配的替代办法，该基金由秘书长管理，负责分配沿海国根据《联合国海洋法公约》第82条第4款所作缴付。向新基金支付的资金可用于发展中国家的具体项目，如改善内陆发展中国家进出海洋的基础设施项目。鉴于《联合国海洋法公约》第82条专门提及最不发达国家和内陆国家，因此应优先考虑内陆国家和小岛屿发展中国家（优先受惠国）旨在为人类利益而保护全球公域的项目。

---

① 桂静.外大陆架制度背景下国际特许使用费法律问题探析［J］.天津法学，2014，30（1）：63.

此外，用于公平分配从"区域"内活动取得的财政和其他经济利益的任何分配公式也可适用于来自外大陆架开发取得的费用的分配。如果基本方法被接受，只需要确定哪些国家应得到优惠待遇即可。在海管局成员中，有27个国家是最不发达国家（包括10个内陆国家），10个国家既是发展中国家，也是内陆国家，因此有必要确定这些国家是否应该得到同等的优惠，或者是否有分配的优先顺序。

第五章

国际海洋法法庭
（ITLOS）

5

CHAPTER

第一节 ⋯⋯⋯⋯⋯⋯⋯⋯⋯⋯⋯⋯⋯⋯⋯⋯⋯⋯⋯⋯

组织机构与主要业务

《国际海洋法法庭规约》作为《联合国海洋法公约》的附件六，对国际海洋法法庭（ITLOS）的组织、职权、程序和分庭的设立等事项做出了明确的规定。

一、机构设置与人员构成

（一）法庭

1. 法官的产生

法庭的组织由独立法官21人组成，从享有公平和正直的最高声誉、在海洋法领域内具有公认资格的人士中选出。法庭作为一个整体，应确保其能代表世界各主要法系和公平地区分配。法庭法官中不得有2人为同一国家的国民，联合国大会所确定的每一地理区域集团都应至少有3名法官。

每一缔约国可以提名不超过2名具有资格的候选人，法官的选举应以无记名投票按各缔约国协议的程序举行。第一次选举由联合国秘书长召开缔约国会议举行。在缔约国组成的选举会议上，缔约国的三分之二构成法定人数，得票最多、获得出席并参加表决的缔约国三分之二多数票的候选人当选为法庭法官，但其得票数须超过全体缔约国的半数。法官选举竞争激烈，各国政府对其也有影响。

法官任期9年，连选可连任。第一次选出的21名法官由联合国秘书长以抽签方式选定7名任期3年、7名任期6年、7名任期9年，以后每3年有7名法官任期届满需要改选，以保持法庭法官的连续性。法庭选举庭长和副庭长，任期3年，连选可连任。法庭庭长主持法庭的所有会议，领导法庭的工作并监督法庭的行政。法庭应任命书记官长和其他必要的工作人员。庭长和书记官长应常驻法庭所在地。

海洋法庭法官不得兼任任何政治或行政职务，也不得与任何与勘探和开发海洋或海底资源或与海洋或海底的其他商业用途有关的任何企业的任何业务有积极联系或有财务利益，不得充任任何案件的代理人、律师或辩护人。任何过去曾作为某一案件当事人一方的代理人、律师或辩护人，或曾作为国内或国际法院或法庭的法官，或以任何其他资格参加该案件的法庭法官，不得参与该案件的裁判。海洋法庭法官在执行法庭职务时，应享有外交特权和豁免权。法庭通常每年定期有两次为时不长的开庭期。

2. 选任法官

根据《国际海洋法法庭规约》第13条、第17条的规定，所有可以出庭的法庭法官均应出庭，但须有选任法官11人才构成法庭的法定人数。属于争端任何一方国籍的法庭法官，应保有其作为法庭法官参与的权利。

3. 专案法官

专案法官是诉讼当事方就某一特定案件选派的法官。根据《国际海洋法法庭规约》第17条的规定，如果在受理一项争端时，法庭上有属于当事一方国籍的法官，争端任何他方可以选派一人为法庭法官参与。《国际海洋法法庭规约》第17条以及《国际海洋法法庭规约》第8、第9条对于专案法官的选派和要求做出了具体的规定。《国际海洋法法庭规则》第22条还专门就国家以外实体参加诉讼时选派专案法官的事项予以明确。这些规定适用于国际海洋法法庭全体、海底争端分庭和特别分庭。

4. 专家

根据《联合国海洋法公约》第289条的规定，对于涉及科学和技术问题的任何争端，国际海洋法法庭可以依照当事一方在书面程序结束以前做出的请求，或主动地决定为争端目的选派2名或者2名以上专家出席法庭，但无表决权。

（二）海底争端分庭和特别分庭

海洋法庭通常全庭审理案件，能够出席开庭的法官均应出庭。依据《联合国海洋法公约》的规定，海洋法庭还设有海底争端分庭，并可设立三种特别分庭。

第一，海底争端分庭。该分庭具有独立法庭的性质，在分庭的组成、当事方、管辖权、所适用的法律以及具体程序上都与海洋法庭有所不同。海底争端分庭之下，还可以设立专案分庭。海底争端分庭主要解决有关海底开发行政管理产生的争端，这种争端既有国际法意义上的国家之间的争端，也有商业性质的国际争端。海底争端分庭由11名法官组成，由国际海洋法法庭法官从法庭选任法官中选派。在选出分庭法官时，应确保能代表世界各主要法系和地域分配公平。分庭法官任期3年，可以连任一次。在当事方方面，除了国际海洋法法庭的当事方外，自然人、法人、国际海底管理局或企业部、国营企业都可以成为其当事方。

第二，特别分庭。一是海洋法庭认为必要时，可以设立处理特殊种类争端的分庭，如渔业争端分庭以及海洋环境争端分庭。二是海洋法庭还可以经当事各方请求，设立分庭，以处理某一特定争端。三是海洋法庭应每年设立简易程序分庭。为迅速处理事务，法庭应设立由5名法官组成的分庭，以简易程序来处理争端。任何分庭所做的判决，应视为海洋法庭做出的判决。

（三）书记处

书记处是法庭的行政机关，其由书记官长领导，由一名副书记官长协助。书记处提供法律、行政、图书馆、会议和信息服务。书记处人员由法庭在国际上招募。书记处的工作任务涉及法律和外交事务，如协助法官和当事方出庭、与东道国保持良好的关系。书记处现有来自16个不同国家的34名成员。

二、ITLOS在国际争端解决中的作用

ITLOS的出现是国际社会对于海洋法争端不断增长趋势的及时回应，其建立是司法机构多元化的体现。虽然一开始建立国际海洋法法庭的想法遭到了一些学者的反对，因为其担心国际法司法机构的多元化会造成国际司法判例的不统一，从而最终导致各国自行其是的混乱局面，然而并未有证据显示，国际司法机关的多元化会削弱判例的一致性。在过去的几十年中，国际法院和各种仲裁法庭的平行存在并未对国际法治的完整性产生威胁。以海洋法领域为例，尽管国际法院和国际海洋法法庭的判例大都与海洋划界或渔业争端有关，但是这些判例却共同促进了这一时期海洋法的发展。

国际法庭的成立从一定程度上减轻了国际法院在审理海洋争端案件中存在的专业性不强、人力不足等问题。国际海洋法法庭不仅在解决国家间海洋争端中发挥着重要作用，也参与了诸如国际海底管理局矿区承包方合同争议的解决等事务，成为国际海洋争端和平解决的重要平台，为适用或解释《联合国海洋法公约》以及推动国际海洋法发展做出了重要贡献。近年来，国际海洋法法庭的重要性正在逐渐加强，工作范围和作用也

在日渐扩大。一方面，法庭继续为当事国提供法律争端解决服务；另一方面，法庭也拓展了其他法律服务。如通过设立渔业争端分庭，对航运和渔业活动中发生的争端事件，特别是涉及沿海国之间渔民和渔船被扣等事件提供法律救济服务，确保了被扣船员和船只得到迅速释放，同时也为海管局工作中产生的众多议题提供咨询意见。

ITLOS的案例中有海洋划界争端案，如孟加拉国与缅甸关于孟加拉湾海洋划界争端案；发表咨询意见案，如次区域渔业委员会请求国际海洋法法庭全庭发表咨询意见。但是有关迅速释放程序和临时措施是其受理最多的案件，迅速释放案件如日本诉俄罗斯丰进丸号案、日本诉俄罗斯丰进丸号；临时措施案件如北极日出号案、马来西亚诉新加坡柔佛海峡案、南方金枪鱼案、自由号案。

ITLOS在处理"迅速释放"和"临时措施"案件方面发挥了重要而独特的作用。

关于迅速释放程序，虽然ITLOS并非《联合国海洋法公约》第292条"关于船只和船员的迅速释放"程序中唯一的主管机构，争端各方可以协议将释放问题向任何法院或法庭提出，但是在《联合国海洋法公约》第292条的程序中，ITLOS却被赋予了"保底法庭"的职能。根据《联合国海洋法公约》292条的规定，只要是《联合国海洋法公约》的缔约国，如果请求国及扣留国在扣船后10日内不能就释放问题达成协议，请求国可以直接向ITLOS提出释放申请，不需要拘泥于双方依据《联合国海洋法公约》第287条所做的选择，此种管辖权的强制性保证了法庭的权力。法庭依据《国际海洋法法庭规则》第112条的规定，应该不迟延地审理此类案件，并应在法定的期限内做出判决，这就保证了法庭处理此类案件的效率。同时也实现了法官们在制定该规则时所坚持的目标——能够以"众所关注的高效率和最小的耽搁和花费"原则处理递交上来的案件。

ITLOS对迅速释放程序案的立场是平衡沿海国和船旗国之间的利益，既要维护沿海国在其专属经济区域内对渔业资源以及环境保护的主权权利，又要排除沿海国长期扣留船只和船员，进而损害船旗国利益以及船员的人权而产生的风险。因《联合国海洋法公约》中迅速释放相关规定的模糊性，以及ITLOS在保证金合理性判断标准和实质性审查问题上所采取的非一致性立场，国际上在迅速释放问题上尚未形成习惯法。但应该肯定的是，ITLOS的相关实践在合理确定保证金数额、敦促扣留国释放被扣船只和船员方面都起到了国际法院、常设仲裁法院无法替代的作用。截至目前，尚未有迅速释放申请提交其他法院或法庭的情况。

在临时措施方面，根据《联合国海洋法公约》第290条的规定，在将争端交付仲裁的情况下，如果需要在仲裁法庭组成之前采取临时措施，争端各方可以协议由任何法院或法庭

（包括ITLOS）来实施。按照《联合国海洋法公约》第290条第1款的规定，国际海洋法法庭的临时措施不仅可以出于保全争端各方的各自权利的目的，而且也可以出于防止对海洋环境的严重损害的目的；而《国际法院规约》第41条只规定了为保全当事各方权利而规定临时措施的情况。依据《联合国海洋法公约》第290条和《国际海洋法法庭规约》第25条，国际海洋法法庭有权"规定"临时措施，而非像国际法院那样"指示"临时措施。《联合国海洋法公约》第290条第6款要求争端各方应迅速遵从国际海洋法法庭所规定的任何临时措施，但《国际法院规约》在这一点上并没有做出明确规定，因此关于国际法院所指示的临时措施是否有法律拘束力曾长期存在争议。此外，根据《联合国海洋法公约》第290条第5款，即使争端提交给仲裁程序，ITLOS在仲裁庭组成前也可以规定临时措施。当然，受理争端的法庭一旦组成，对这种临时措施可以予以修改、撤销或者确认。

ITLOS并非联合国的机关，因此其裁决并不能像国际法院那样获得联合国安理会的保障，只能依靠当事方的善意执行。然而，国际海洋法法庭在解决海洋争端和促进《联合国海洋法公约》的解释和适用方面发挥了重要的作用。此外，《联合国海洋法公约》就海底争端分庭裁决的执行规定了一定的保障机制。国际海底管理局的法律和技术委员会在海底争端分庭针对海管局理事会代表海管局向海底争端分庭所提司法程序做出裁判后，应就任何应采取的措施向理事会提出建议；而理事会则应将此通知海管局大会，并就其认为应采取的适当措施提出建议。可见，设立国际海洋法法庭的意义绝非仅仅多了一条可供国家选择的争端解决的司法途径那么简单。

法庭通过对海洋法争端案件的审理和裁决，不仅解决了争端，还阐明了《联合国海洋法公约》的相关规定，有助于促进对《联合国海洋法公约》的解释和适用，如法庭在"塞加"号案中指出"船只和船员的迅速释放"并不涉及扣船行为本身的是非曲直。在"卡莫科"号及"蒙特卡夫卡"号案中，法庭都一再强调，依据《联合国海洋法公约》第292条第3款，法庭应处理关于释放的申请，并且应仅处理释放问题，而不影响主管国国内法庭对该船只、其船主或船员的任何案件的是非曲直的处理。再如在"南方金枪鱼案"中，日本声称其与澳大利亚、新西兰之间的争端是依据1993年《养护南方金枪鱼公约》引起，而非依据《联合国海洋法公约》产生，因此争端只能依据该公约规定的程序解决，不适用《联合国海洋法公约》的争端解决机制。然而法庭却认为，该案不仅涉及《养护南方金枪鱼公约》，而且与《联合国海洋法公约》密切相关，这一论断表明，《联合国海洋法公约》是海洋法领域最全面的文件，其争端解决机制要优于其他海洋法公约。

第二节

ITLOS的工作程序和规则

　　《国际海洋法法庭规则》第三部分对ITLOS的程序进行了规定，分别为一般规定（A节）、诉讼程序（B节）、附带程序（C节）、特别法庭程序（D节）、船只和船员的迅速释放程序（E节）、海底争端分庭诉讼案件程序（F节）及判决、解释和复核（G节）、咨询程序（H节）。

　　B节诉讼程序指的是在通常情况下，争端当事方向ITLOS提起诉讼，法庭受理案件后进行审理的一般程序。诉讼程序包括起诉、书面程序、初步审议以及口述程序等环节。

　　C节附带程序是指法庭在一些特定情况下所适用的特别程序，这些程序直接影响到法庭基本程序的进行，被称为附带程序。根据《国际海洋法法庭规则》的规定，附带程序包括临时措施、初步程序、初步反对意见、反诉、参加以及停止等。其中，临时措施是最为重要的附带程序，是指争端方如果感到其权利处于直接威胁之中，可随时请求法庭规定临时措施保全其权利。

　　D节是特别法庭程序。根据《国际海洋法法庭规则》第107条的规定，特别分庭诉讼程序在不违背《联合国海洋法公约》《国际海洋法法庭规约》和《国际海洋法法庭规则》特别关于分庭规定的条件下，应按照法庭规则适用于法庭审理争端的规定办理。因此，特别分庭的诉讼程序与法庭全体庭的程序基本相同，不同的仅在两个方面：一是如果当事方希望由处理特定种类争端的法庭或建议程序分庭审理，这项请求应在提起诉讼的文书中提出，或随同该项文件提出；如果当事方意见一致，这些请求将予以实施。（《国际海洋法法庭规则》第108条第1款）。二是在书面程序和口头程序方面，特别分庭的审理可以简化。

E节船只和船员的迅速释放程序是为了执行《联合国海洋法公约》第292条的规定而设立的，属于国际海洋法法庭所特有的程序。如果《联合国海洋法公约》的缔约国当局扣留了一艘悬挂另一缔约国旗帜的船只，而且扣留国在合理的保证书或其他财政担保提供后没有遵从《联合国海洋法公约》规定将该船只或船员迅速释放，则船旗国可以向包括国际海洋法法庭在内的国际法院或法庭提出释放申请，法院或法庭应不迟延地处理关于释放的申请。

F节海底争端分庭诉讼程序仅仅适用于缔约国以外的实体作为争端一方或争端双方进行的诉讼。根据《国际海洋法法庭规则》第116条的规定，如果是缔约国之间或者缔约国与海管局之间的争端在分庭进行诉讼，则适用的是法庭的诉讼程序，并不适用F节海底争端分庭诉讼程序。

G节为判决、解释和复核程序，法庭或分庭的判决为最终判决，不得上诉。根据《国际海洋法法庭规则》第124条的规定，在法官结束评议并通过判决时，应将宣读判决的日期通知当事各方。任何法官均可将其对判决的个别意见或不同意见附于判决后；任一法官均可以将同意或者不同意记录在案而无须以声明的形式陈述理由，这同样适用于法庭的各种命令。判决应在法庭或分庭的公开庭上宣读，并应自宣读之日起对当事各方具有拘束力，但是对于非当事方以及本案以外的事项无拘束力。对法庭所做判决的意义或范围发生争端时，当事任何一方均可以请求解释。对于复核程序的启动，必须满足三个条件：一是发现了具有决定因素性质的事实；二是当初做出判决时，法庭和请求复核的当事方都不知道该事实，且此种不知道并非疏忽所致；三是复核请求需最迟在发现新事实后的6个月内且不得在自判决之日起10年后提出。

H节为海底争端分庭的咨询程序。《联合国海洋法公约》第191条规定，海底争端分庭经国际海底管理局大会或理事会请求，应对它们活动范围内发生的法律问题提出咨询意见，这种咨询意见应作为紧急事项提出。除了海管局大会或理事会之外，在两种情况下，缔约国或政府间国际组织也可以参加咨询程序。第一种情况由《国际海洋法法庭规则》第130条第2款规定，即如咨询意见请求与两个或两个以上缔约国间悬而未决的法律问题有关，则该缔约国有权参加咨询程序，且海底争端分庭要考虑分庭法官中应有具有该缔约国国籍的法官或专案法官。第二种情况由《国际海洋法法庭规则》第133条规定，即所有缔约国和能够提供相关问题资料的政府间国际组织均有权应邀提供咨询意见，且任何缔约国和上述各组织均可就咨询意见所涉问题提出书面陈述或做口头陈述。

第三节

迅速释放程序关键问题及实践

船只和船员的迅速释放作为国际海洋法法庭特有的程序，是为执行《联合国海洋法公约》第292条所设定的。它是指因违反沿海国关于专属经济区内生物资源和海洋环境保护相关法规而被扣留的外国船只和船员，在提出适当的保证书或其他财政担保后获得迅速释放。迅速释放程序作为平衡船旗国与沿海国利益的特殊程序，具有快速性、独立性和强制性的特点。快速性主要表现为法庭优于其他程序来处理迅速释放申请，即根据《联合国海洋法公约》的规定，"应不迟延地处理关于释放的申请"。独立性主要表现为迅速释放程序并非某一实体程序的附带程序，而是一个单独的独立程序，判决具有终局性。强制性主要表现为一国在签署、批准或加入公约时，或在其后任何时间，就船只和船员的迅速释放争议都不能排除适用强制程序。迅速释放程序一方面使得扣船的沿海国获得了充分的财政担保以备罚金判处，另一方面又给予了被扣船员基本的人道考虑，使其迅速回归正常工作，防止船只和船员因被扣时间过长而遭受重大的经济损失。

一、实践概况

截止到2022年6月，ITLOS已经处理10起有关船只和船员迅速释放的争议案件，分别为1997年圣文森特及格林纳丁斯诉几内亚的"塞加"号案；2000年巴拿马诉法国的"卡莫科"号案；2000年塞舌尔诉法国的"蒙特·卡夫卡"号案；2001年伯利兹诉法国的"大王子"号案；2001年巴拿马诉也门的"猜斯里2号"冷藏船案；2002年俄罗斯诉澳大利亚的"伏尔加"号案；2004年圣文森特和格林纳丁斯诉几内亚比绍的"朱诺商人"号案；2007年日本诉俄罗斯的"丰进"号案；2007年日本诉俄罗斯的"富丸"号案，2015年巴拿马诉意大利"Norstar"号商船案。

二、适用条件

向法庭提出船只和船员迅速释放的申请必须满足一定的条件：一是扣留国和拘留国的船旗国必须均为《联合国海洋法公约》缔约国；二是扣留国在合理的保证书或其他财政担保提供后，仍然没有遵从《联合国海洋法公约》的规定将该船只或船员释放。船只和船员的迅速释放申请，仅可由船旗国或以该国名义提出。法庭应不迟延地处理关于释放的申请，并应仅处理释放问题，且不影响在主管的国内法庭对该船只、其船主或船员的任何案件的是非曲直的处理。扣留当局仍有权随时释放船只或船员。

（一）申请主体

根据《联合国海洋法公约》第292条的规定，迅速释放的申请应为船旗国或者以该国名义提出，这就为自然人和法人因船旗国授权提出申请提供了可能。一国可以授权其官员、被扣船只的船长或船东提出申请，但是船旗国仍然是诉讼程序的当事方。

原告承担其为被扣船只船旗国的举证责任。法庭对于船旗国的认定标准是宽松的，只需要证明在提出释放申请时是被扣船只的船旗国即可，无须证明在船只被扣时也是船旗国。这一点在"塞加"号案和"大王子"号案中均得到了认定。在实践中，被告一般会以被扣船只临时登记证书过期、代理人并未得到授权、原告和被扣船只之间没有真正联系为由质疑原告的船旗国地位。法庭在收到释放申请后，将核实申请国提交的文件，以确定其被扣留的船只是否属于申请国国籍，是否有权使用该国的国旗。根据《联合国海洋法公约》第91条"船舶的国籍"相关规定："船舶具有其有权悬挂的旗帜所属国家的国籍。国家和船舶之间必须有真正联系。"因此，如果船舶和申请国没有真正的联系，这种申请将不被受理。如在"大王子"号案中，由于船舶在伯利兹的登记已经被取消，伯利兹为船舶颁发的临时航行文件也已经过期，因此，法庭认为伯利兹并非被扣船舶的船旗国，从而认定法庭没有管辖权。

（二）申请须满足的条件

根据《联合国海洋法公约》第292条的规定，提起迅速释放申请必须满足以下三个条件：一是一个缔约国当局扣留了一艘悬挂另一缔约国旗帜的船只；二是扣留国在合理的保证书或其他财政担保提供后仍未将船舶或船员释放；三是从扣留时起10日内双方未能就释放问题提交法院或法庭达成一致意见。其中，第二个和第三个条件是释放申请的可接受性最容易受到质疑的地方。

关于第二个条件，法庭的相关实践表明，提供保证书或其他担保并非申请释放的必要前提条件。在"赛加"号案中，法庭认为，因为几内亚没有按照公约的规定通知扣留，拒绝讨论保证书问题，因此，没有表示出考虑这一问题的意愿。在这种情况下，不能认定圣文森特和格林纳丁斯应当为未提供保证书的事实负责任。在实际中，除了扣留国不主动提出支付保证金之外，还可能因为扣留国提出的保证金数额不合理导致船旗国无法支付。因此，在"卡莫科"号案中，国际海洋法法庭明确指出，提供保证金并非提起程序的必要条件。当保证金未被提供或被拒绝提供时，或者沿海国法律没有提供保证金的规定或所提供的保证金不适当时，迅速释放条款皆可被适用。可见，法庭非常重视迅速释放的迅速性，将其放到比提供实际财政担保更重要的位置。在海洋法法庭的实践中，评价扣留国所要求保证金是否合理一般考虑以下相关因素：行为的严重性、按照扣留国法律施加或可以施加的惩罚、被扣船只和货物的价值、扣留国施加的保证金数额和形式。

关于第三个条件，从扣留时起10日内只是申请的起始时间，而非截止时间。在"卡莫克"号案中，法国提出，由于船只被扣留三个多月后巴拿马才提交释放船只的申请，在此期间巴拿马也未积极就迅速释放事项做进一步努力，其行为构成了类似禁止反言的情势，因此该释放船只的申请不应该被受理。然而，法庭却认为："《联合国海洋法公约》第292条并未给为船只及船员的迅速释放申请规定特定时间限制。任何情况下，只要申请主体及条件符合公约的规定，法庭均应受理案件。10天只是为了让双方可就受理法庭达成一致意见。"从而驳回了法国的请求。

三、最新实践及案件启示

巴拿马诉意大利"Norstar"号商船案。

（一）案情概要

从1994年至1998年，悬挂巴拿马国旗的"Norstar"号商船从事向地中海大型游艇供应汽油活动。意大利萨沃纳法院公诉人对涉嫌走私和逃税的8人提出刑事指控，因此于

1998年8月11日对"Norstar"号商船下达扣押令。1998年9月，西班牙当局应意大利的请求，将停泊在西班牙马洛卡岛帕尔马湾的"Norstar"号商船扣押。1999年3月11日，萨沃纳法院通知在"北极星"号船主缴纳保释金后，当局可以释放船舶。由于该船主未缴纳保释金，当局继续扣留船舶。2003年3月18日，萨沃纳法院向马洛卡法院发文，要求当局将船舶释放并归还给船主。2003年8月18日，公诉人向意大利热那亚法院提起上诉。2005年，热那亚法院维持原判决。由于双方在接管船舶问题上存在争议，船主长期未接收船舶。2015年3月25日，船舶被拍卖。2015年12月17日，巴拿马申请启动了本案的诉讼程序。2016年3月11日，意大利提出初步反对意见。2016年11月4日，法庭做出了《关于初步反对意见的判决》，裁定法庭对该争端具有管辖权，可以受理巴拿马的申请。书面审理结束后，2018年9月10日至15日举行了案情公开听证会。2019年4月，国际海洋法法庭对"Norstar"号商船案做出判决。

（二）各方立场与法庭意见

（1）管辖范围（第100～146段）。

关于法庭的管辖范围，"法庭回顾，在《关于初步反对意见的判决》中，法庭认为《联合国海洋法公约》第87条和第300条与本案有关"（第101段）。法庭指出，在审理案情期间，"意大利将《关于初步反对意见的判决》第122段解释为将实际扣押'Norstar'号商船的行为排除在其管辖范围之外"（第117段）。然而，法庭认为，"显然，在《关于初步反对意见的判决》中，法庭认为双方之间的争端不仅包括扣押令及其执行请求，而且还包括对'Norstar'号商船的扣押"（第122段）。"因此，法庭对这一争端的管辖范围包括对'Norstar'号商船的扣押。"法庭还指出，双方"对巴拿马根据第300条提出的若干主张是否与《联合国海洋法公约》第87条有关存在分歧"（第126段）。但是，法庭决定"处理法庭是否对巴拿马根据第300条提出的关于善意和滥用权利的主张拥有管辖权的问题，同时审查意大利是否违反了第300条项下义务的问题"（第129段）。

（2）《联合国海洋法公约》第87条（公海自由；第147～231段）。

在处理"扣押令、扣押令执行请求以及扣押'Norstar'号商船是否违反第87条规定的问题时"（第147段），法庭首先审查"扣押令及其执行是否涉及'Norstar'号商船在公海上的活动，或在意大利境内犯下的被指控罪行，或两者都有"（第153段）。根据对扣押令和其他相关文件的审查（第166～185段），法庭认为"'Norstar'号商船在公海上供油的活动事实上不仅是扣押令及其执行所针对的活动的一个组成部分，而且也是一个核心要素"（第186段）。"因此，法庭的结论是，第87条可以适用于本案"。（第187段）

法庭随后转向"第87条……是否适用的问题，以及如果适用，意大利是否违反了该条"（第188段）。法庭指出，第87条"宣布公海对所有国家开放"（第214段），并且"除特殊情况外，任何国家不得对公海上的外国船只行使管辖权"（第216段）。因此，法庭指出，"如果一艘船舶……在公海上受到其他国家的管辖，那么航行自由就是虚幻的"（第216段）。

法庭回顾其在"Virginia G"商船案中的判例，并表示"在公海供油是根据《联合国海洋法公约》和其他国际法规则规定的条件行使航行自由的一部分"（第219段）。因此，法庭"认为'Norstar'号商船在公海上为休闲船只供油属于第87条规定的航行自由"（第219段）。

法庭"继而转向什么行为可以构成违反第87条规定的航行自由的问题"（第222段）。"由于任何国家不得对公海上的外国船只行使管辖权，法庭认为，除非《联合国海洋法公约》或其他国际条约提供正当理由，任何干涉外国船只航行的行为或对公海上的外国船只行使管辖权都构成对航行自由的侵犯。"（第222段）法庭认为，"即使是不涉及在公海上进行人身干涉或执法的行为，也可能构成对航行自由的侵犯"（第223段）。同样，"任何使外国船只在公海上的活动受船旗国以外的国家管辖的行为，都构成对航行自由的侵犯，但《联合国海洋法公约》或其他国际条约明确规定的特殊情况除外"（第224段）。

法庭认为，船旗国专属管辖权原则"不仅禁止船旗国以外的国家在公海上行使执法管辖权，而且禁止将其规制管辖权扩大到外国船只在公海上进行的合法活动"（第225段）。法庭认为，"除非公约或其他国际条约提供正当理由，如果一国将其刑法和海关法适用于公海，并将外国船只在公海上进行的活动定为犯罪，即属违反公约第87条"，"即使该国不在公海上执行刑法和海关法，也是如此"（第225段）。

法庭补充说，"即使在内水执法，如果一国将其刑法和海关法的域外适用范围扩大到外国船只在公海上的活动，并将其定为犯罪，则第87条仍可以适用，并构成对该条的违反"（第226段）。

"鉴于上述情况，法庭得出结论，意大利萨沃纳法院公诉人对'Norstar'号商船下达扣押令、扣押令执行请求以及扣押该商船，违反了《联合国海洋法公约》第87条第1款"（第230段）。

关于巴拿马认为意大利违反《联合国海洋法公约》第87条第2款的论点，法庭认为该条款不适用于本案（第231段）。

（3）《联合国海洋法公约》第300条（善意和滥用权利；第232～308段）。

在处理巴拿马关于《联合国海洋法公约》第300条的主张时，法庭回顾其在"Louisa"号商船案中的判例，根据该判例，"不能单独援引《联合国海洋法公约》第300条"（第241段）。因此，主张第300条遭违反的缔约国必须"在其根据第300条提出的主张与'根据《联合国海洋法公约》承担的义务'或'《联合国海洋法公约》承认的权利、管辖权和自由'之间建立联系"（第241段）。

巴拿马提出了数项诉求，指控意大利违反《联合国海洋法公约》第300条规定的善意义务。其中几项被法庭驳回，因为巴拿马未能出示恶意的证据（关于意大利的逮捕时间）（第251段）；意大利在西班牙的一个港口扣留"Norstar"号商船的决定（第258段）以及船只扣押和维护的时间（第289段）。巴拿马的其他主张不属于法庭的管辖范围，因为巴拿马未能在分别根据《联合国海洋法公约》第300条和第87条提出的主张之间建立联系（意大利对扣押令的执行，第265段）；缺乏沟通的指控（第271段）；隐瞒信息的指控（第275段）；证明扣押令合理性的理由互相矛盾的指控（第281段）。

此外，法庭认为意大利行使《联合国海洋法公约》规定权利的方式不构成滥用权利（第304～307段）。

由于以上原因，"法庭的结论是，意大利没有违反《联合国海洋法公约》第300条"（第308段）。

（4）赔偿（第309～462段）。

法庭指出，"意大利作为国际不法行为的责任国，有义务赔偿因其违反《联合国海洋法公约》第87条第1款而造成的损害"（第321段）。法庭认为，"巴拿马有权就其遭受的损害以及'Norstar'号商船所遭受的损害或其他损失获得赔偿，包括所有参与商船运营的人员或利益相关人员"（第323段）。

法庭"提到其在'Virginia G'号商船一案中的判例，其中强调所犯的不法行为与所受损害之间必须有因果关系"（第333段）。法庭"指出，只有意大利的不法行为直接造成的损害才是赔偿的对象"（第334段）。

就此，法庭认为，"意大利的不法行为与巴拿马所受损害之间的因果关系在2003年3月26日中断"——当时船东收到萨沃纳法院的正式通知，称该船已被无条件释放——而且"2003年3月26日之后可能遭受的任何损害都不是扣押'Norstar'号商船直接造成的"（第370段）。

关于赔偿问题，法庭认为，"'Norstar'号商船的损失是意大利的不法行为直接造成的"（第406段）。关于船只在被扣押时的价值，法庭审查了相关文件和证词，特别是当事双方向其提供的两个估计价值（第411～416段）并得出结论，意大利专家提供的估计数285000美元是"Norstar"号商船的价值（第417段）。法庭还"认为，根据本案的情况，有必要在该类损害赔偿项下判给利息"（第459段）。

法庭没有判给巴拿马的其他索赔包括利润损失（第433段）；继续支付工资（第438段）；应付税费（第443段）；"Norstar"号商船承租人遭受的损失和损害（第448、449段）；以及对自然人造成的物质和非物质损害（第452段）。

（5）执行段落（第469段）。

2019年4月10日"Norstar"号商船案判决执行段落内容如下：法庭以15票对7票认定意大利违反了《联合国海洋法公约》第87条第1款，一致认为《联合国海洋法公约》第87条第2款不适用于本案。以20票对2票认定意大利没有违反《联合国海洋法公约》第300条。以15票对7票裁决就"Norstar"号商船的损失判给巴拿马赔偿285000美元，并按2.7182%的利率计息，每年复利，从1998年9月25日起至本判决之日止。以19票对3票裁决不赔偿巴拿马在第433、438、443、448、449和452段中提出的其他索赔。法庭一致认为，裁决各方应自行承担其费用。

（三）案件启示

在该案中，国际海洋法法庭做出了两个合理的裁决：一是仲裁庭确立了相关争端和巴拿马诉求可受理性的管辖权；二是认定了意大利侵犯了巴拿马在公海上的航行自由。在第二项裁决中，仲裁庭依赖于对船旗国管辖权的广泛理解——促使7名法官发表了强烈的联合反对意见。在船旗国对公海上悬挂其旗帜船舶的专属管辖权问题上，国际海洋法法庭对该问题采取扩张解释，认为船旗国在公海上对船舶的专属管辖权既包括执行管辖权，也包括立法管辖权。

该案是国际海洋法法庭第一次对公海航行自由问题做出解释，对公海航行自由的未来实践产生了深远影响。裁决体现了在国际法中公海航行自由扩张的趋势，可能对非船旗国及其国民的维权构成障碍。在《联合国海洋法公约》第300条的适用问题上，国际海洋法法庭并未对意大利与西班牙的行为是否履行了善意义务、是否滥用权利进行整体性的分析。意大利的行为整体上明显违法，且在意大利与西班牙多处重要细节缺乏善意的情况下，法庭也并未裁定意大利违反《联合国海洋法公约》第300条。该案表明，在国际司法实践中适用《联合国海洋法公约》第300条的难度较大，这对以后该条在其他案件中的适用可能产生影响。国际海洋法法庭在加油行为发生的海域是否属于公海这一核心项上未进行具体认定，这一点在一定程度上造成了争议，也减弱了判决的说服力。

（四）存在的问题

国际海洋法法庭在船只和船员迅速释放问题上的司法实践，证明了法庭对迅速释放程序案的立场是平衡沿海国和船旗国之间的利益，既要维护沿海国在其专属经济区域内对渔业资源以及环境保护的主权权利，又要排除沿海国长期扣留船只和船员，进而损害船旗国利益以及船员的人权的风险。虽然法庭对迅速释放申请案享有强制管辖权，但因船旗国担心与沿海国发生法律冲突而采取不申请程序的消极态度，以及《联合国海洋法公约》对申请主体的限制性规定，法庭对保证金合理性问题上的非一贯性态度等都影响了法庭的信誉。此外，片面强调迅速性而不对沿海国国内法庭扣押船只和船员措施的合法性予以积极审查的法庭立场亦应改变。①

---

① 任虎，姚妍赟. 国际海洋法法庭迅速释放问题研究［J］. 太平洋学报，2015，23（1）：22.

临时措施程序关键问题及实践

临时措施又被称为临时保全，是指当海洋争端的实体问题已经提交给某一争端解决机构处理之后，争端一方因受到重大而紧迫的损害，可随时请求法院或法庭指示争端另一方停止危害行为或要求其进行保证或双方协商的一种临时性强制措施。临时措施附属于某一实体程序，其目的是保证最终的判决可以解决有关争端，并获得有效的执行。与迅速释放程序具有独立性有所不同，作为临时措施的附带程序必须依据某一特定的主诉讼启动，一旦主诉讼终止，临时措施也同时失效。有关临时措施的决定在性质和适用期间上都具有临时性，可以被撤销和更改。因此，有关临时措施的决定采取的是命令而非判决的形式。

按照《联合国海洋法公约》第290条第1款及第5款规定，法庭在两种情形下可以采取临时措施：一是如果争议已正式提交法庭，在诉讼过程中的任何时候，当事国可以要求采取临时措施，法庭依据初步证据证明自己有管辖权，根据情况可以规定适当的临时措施，以保全争端各方的各自权利或防止对海洋环境的污染；二是争端提交仲裁法庭解决，在仲裁法庭组成以前，争端当事方在提出请求规定临时措施之日起两周内不能就规定临时措施的法院或法庭达成协议时，法庭或海底争端分庭可规定临时措施。

一、实践概况

临时措施案是国际海洋法法庭审理数量较多的案件类型。截止到2022年7月，国际海洋法法庭共受理案件29件，其中涉及临时措施的案件多达12件数，而其中11件规定了临时措施。可见，临时措施案已经成为国际海洋法法庭的重要案件来源，法庭对于规定临时措施的态度非常积极。比较典型的案件包括：1998年圣文森特与格林纳达诉几内亚"塞加"号案、1999年新西兰诉日本南方金枪鱼案、2001年爱尔兰诉英国混氧燃料工厂案、2003年马来西亚诉新加坡填海造地案、2012年阿根廷诉加纳"自由"号案、2019年乌克兰诉俄罗斯刻赤海峡案等。

二、适用条件

根据《联合国海洋法公约》第290条以及《国际海洋法法庭规约》第89条，请求规定采取临时措施需要满足三个条件：第一，法庭具有初步管辖权；第二，存在可能产生不可弥补损害的风险；第三，情况紧急。

1. 法庭具有初步管辖权

根据《联合国海洋法公约》第290条的规定，国际海洋法法庭在规定临时措施时，不需要最终确定对于案件的实质问题具有管辖权，只需要"依据初步证明认为其依据本部分或第十一部分第五节有管辖权"就可以了。可以说，确定初步管辖权的门槛大大低于案件实质问题的管辖权。例如，在1999年新西兰诉日本南方金枪鱼案中，国际海洋法法庭明确指出"法庭必须确定，初步看来仲裁法庭具有管辖权"。在2001年爱尔兰诉英国混氧燃料工厂案和2003年马来西亚诉新加坡填海造地案的相关命令中，法庭对初步管辖权也有类似表述。

需要说明的是，由于衡量案件实质问题的管辖权和规定临时措施管辖权标准的差异，且法庭对初步管辖权的认定并不会对后续的实质问题管辖权产生影响，因此，存在法庭规定了临时措施之后又裁定其对案件实质问题缺乏管辖权的可能性。尤其是当法庭或海底争端分庭根据《联合国海洋法公约》第290条第5款规定临时措施时，因为法庭确立的不是自己的初步管辖权，出现这种情况的可能性将大大增加。如在新西兰诉日本南方金枪鱼案中，法庭根据初步证明，裁定将要组成的仲裁法庭对争端具有管辖权，但一年之后，仲裁法庭却裁定其无权审理该争端。

2. 存在不可弥补损害的风险

根据《国际海洋法法庭规则》第89条第3款规定，临时措施应"详述所请求的措施、相关理由以及如果请求不被获准时，对保全当事各方的各自权利或防止海洋环境遭受严重损害可能产生的后果"。根据该规定，相关权利不一定已经受到损害，只要存在受损的危险就可以了。如在麦氏金枪鱼案中，法庭就是基于预防性考虑，从而命令在任何实验性捕捞计划框架内捕捞的渔获不应导致总捕获量超过争端各方为各国最后一次确定的捕捞水平，除非各方达成其他标准。

3. 情况紧急

情况紧急是请求规定临时措施的先决性条件。法庭只有在情况紧急且有必要的情况下才会规定临时措施，以"保全争端各方的各自权利或防止对海洋环境的严重损害"。关于这一条件的认定，1999年新西兰诉日本南方金枪鱼案、2001年爱尔兰诉英国莫科斯工厂案以及2003年马来西亚诉新加坡填海造地案中都有所体现。国际海洋法法庭在"塞加"号案的临时措施命令中指出，如果在最终裁决前，该船只、其船长和其他船员、其船东或运营者遭受任何司法或行政措施，那么"原告的权利就不能被充分保全"。在1999年新西兰诉日本南方金枪鱼案中，规定临时措施是基于保全争端当事方各自权利或防止对南方金枪鱼鱼种的严重损害。国际海洋法法庭对于"海洋环境"这一概念采取了宽泛的概念，在该案中指出"养护海洋生物资源是保护和保全海洋环境的一个要素"。

三、最新实践及案件启示

乌克兰诉俄罗斯刻赤海峡临时措施案。

2018年11月25日，3艘乌克兰海军船只驶入俄罗斯临时封闭海域并从黑海驶向刻赤海峡，俄方随即武力扣押了3艘船只并逮捕了船上人员。2019年3月31日，乌克兰依据《联合国海洋法公约》附件七，就"3艘乌克兰军舰和24名船员的豁免"问题向法庭提请仲裁。2019年3月31日，乌克兰递交了《关于主张的通知和声明》，根据《联合国海洋法公约》附件七对俄罗斯联邦提起仲裁程序。2019年4月16日，乌克兰根据《联合国海洋法公约》第290条第5款向法庭提出请求，要求就该争端规定临时措施。根据该条规定，在附件七仲裁庭组成之前，如果法庭根据初步证明认为即将组成的仲裁庭具有管辖权，而且认为情况紧急有此必要，法庭可规定、修改或撤销临时措施。2019年4月30日，俄罗斯联邦以普通照会的形式通知法庭，表示不会参加法庭的诉讼程序。2019年5月7日，俄罗斯联邦以普通照会的形式转递了一份备忘录，表明其对本案的立场。

2019年5月10日举行了案件公开听证会。在听证会结束时，乌克兰在其最后意见中请求法庭规定临时措施，"要求俄罗斯联邦立即释放乌克兰海军舰艇'Berdyansk'号、'Nikopol'号和'Yani Kapu'号，将其返还由乌克兰监管；暂停对24名被拘留的乌克兰军人的刑事诉讼，并不再提起新的诉讼程序；以及释放24名被拘留的乌克兰军人，允许其返回乌克兰"。

（一）各方立场与法庭意见

根据《联合国海洋法公约》第290条以及《国际海洋法法庭规约》第89条，请求规定采取临时措施需要满足三个条件：第一，法庭具有初步管辖权；第二，存在可能产生不可弥补损害的风险；第三，情况紧急。该案中，法庭对于这三个方面进行事实认定和法律解读之后，认为各条件均得到了满足。

1. 初步证明管辖权

法庭下达命令指出，"只有初步证明申请人所援引的条款可作为附件七仲裁庭管辖权的依据时，才可根据《联合国海洋法公约》第290条第5款规定临时措施，但无须明确附件七仲裁庭对受理争端拥有管辖权"（命令第36段）。

（1）在解释或适用《联合国海洋法公约》方面存在争端。

乌克兰主张，俄罗斯联邦违反了《联合国海洋法公约》第32条、第58条、第95条和第96条规定的义务，并认为双方在以上条款的解释和适用上存在争议。法庭指出，俄罗斯联邦"没有直接答复这一论点"，并指出俄罗斯联邦对该问题的看法"可以从其随后的行为中推断出来"。法庭认为，"俄罗斯当局逮捕和扣留乌克兰海军舰艇并对乌克兰军人提起刑事诉讼的事实表明，关于2018年11月25日发生的事件是否违反《联合国海洋法公约》上述条款项下义务，俄罗斯联邦与乌克兰持不同立场"（命令第44段）。法庭"因此认为，关于解释或适用《联合国海洋法公约》的争端似乎在仲裁程序启动之日就已存在"（命令第45段）。

（2）根据《联合国海洋法公约》第298条第1款（b）项做出的声明。

乌克兰和俄罗斯联邦都在批准《联合国海洋法公约》时根据第298条第1款（b）项做出声明。因此，法庭转向"第298条第1款（b）项是否适用的问题，从而将本案排除在附件七仲裁庭的管辖权之外"（命令第46段）。

法庭指出，双方对《联合国海洋法公约》第298条第1款（b）项及根据该条款所做声明的适用性存在分歧。俄罗斯联邦"坚持认为，提交给附件七仲裁庭的争端涉及军事活动，因此，双方声明将该争端排除在附件七仲裁庭的管辖权之外"。乌克兰称，"争端不涉及军事活动，而是执法活动，因此，声明并不将该争端排除在附件七仲裁庭的管辖权之外"（命令第50段）。

法庭认为，"要裁决的问题是附件七仲裁庭受理的争端是否与军事活动有关"（命令第63段）。法庭指出，"军事活动和执法活动之间的区别不能仅仅基于有关活动是使用海军舰艇还是执法舰艇"，也不能"仅仅基于争端各方对有关活动的定性"（命令第64和65段），"必须主要基于对有关活动性质的客观评价，同时考虑具体案情"（命令第66段）。法庭审查了以下三个方面。

第一，"从双方向法庭提交的资料和证据来看，争端所涉扣押的根本原因是乌克兰海军舰艇在刻赤海峡的通行"。法庭认为，"很难笼统地将海军舰艇的通行本身等同于军事活动"，"根据《联合国海洋法公约》，无害或过境通行等通行制度适用于所有船只"（命令第68段）。第二，事实表明，"争端的核心是双方对刻赤海峡的通行制度有不同的解释"，"这种争端不具有军事性质"（命令第72段）。第三，"俄罗斯联邦在逮捕过程中使用了武力，这是无可争议的"。法庭指出，"使用武力的背景是关键"，"本案中看来是在执法行动而非军事行动中使用武力"（命令第73和74段）。法庭补充说，2018年11月25日事件的上述情况"表明俄罗斯联邦逮捕和扣留乌克兰海军舰艇是在执法行动中进行的"（命令第75段）。"随后对军人的诉讼和指控进一步证实了俄罗斯联邦活动的执法性质"（命令第76段）。

因此根据"法庭所掌握的资料和证据，法庭初步认为《联合国海洋法公约》第298条第1款（b）项不适用于本案"（命令第77段）。

关于《联合国海洋法公约》第283条交换意见的要求，法庭提及乌克兰2019年3月15日的普通照会，其中"明确表示（乌克兰）愿意与俄罗斯联邦就在具体时限内如何解决争端交换意见"。法庭随后提及俄罗斯联邦在2019年3月25日的答复，并指出根据该答复，"乌克兰在当时的情况下可合理地得出结论：已经没有达成协议的可能性"（命令第86段）。因此，"法庭认为，现阶段根据以上情况足以认定，在乌克兰提起仲裁程序之前，第283条的要求已经得到满足"（命令第89段）。

法庭"得出结论，初步证明附件七仲裁庭对受理的争端具有管辖权"（命令第90段）。

2. 局势的紧迫性

法庭指出，"在规定临时措施之前，法庭至少需要确信乌克兰寻求保护的权利是合理的"（命令第91段）。法庭指出，"乌克兰主张的权利是《联合国海洋法公约》和一般国际法规定的军舰和海军辅助舰艇及其船上军人的豁免权"（命令第96段）。法庭认为，"'Berdyansk'号和'Nikopol'号是《联合国海洋法公约》第29条定义的军舰，而'Yani Kapu'号是国有或国营的船只，仅用于《联合国海洋法公约》第96条所述的政府非商业服务"。法庭认为，"在这种情况下，乌克兰根据《联合国海洋法公约》第32条、第58条、第95条和第96条提出的权利主张是合理的"（命令第97段）。法庭还指出，"船上的24名军人是乌克兰军事和安全人员。虽然他们的豁免权的性质和范围可能需要进一步审查，但法庭认为，乌克兰主张24名军人的豁免权是合理的"（命令第98段）。

3. 不可弥补损害的实际且迫切的风险

根据《联合国海洋法公约》第290条第5款，法庭指出，"除非法庭认为在附件七仲裁庭组成和运作前存在着对争端各方权利造成不可弥补损害的实际且迫切的危险"，否则法庭不得规定临时措施（命令第100段）。

法庭指出，"根据《联合国海洋法公约》第29条的定义，军舰'是船旗国国家主权的体现'"。法庭补充说，"这具体反映在军舰根据《联合国海洋法公约》和一般国际法享有的豁免权上"。法庭指出，"任何影响军舰豁免权的行动都可能严重损害一国的尊严和主权，并有可能破坏其国家安全"（命令第110段）。法庭认为，"如果附件七仲裁庭裁定乌克兰海军舰艇及其军人的豁免权属于乌克兰，则俄罗斯联邦采取的行动可能会对乌克兰主张的权利造成不可弥补的损害"（命令第111段）。法庭还指出，"继续剥夺乌克兰军人的自由会引起人道主义问题"（命令第112段）。法庭认为，"在附件七仲裁庭组成和运作之前，存在对乌克兰权利造成不可弥补损害的实际迫切危险"，"因此认为，由于情况紧急，需要根据《联合国海洋法公约》第290条第5款规定临时措施"（命令第113段）。

4. 拟规定的临时措施

根据《联合国海洋法公约》第290条第1款的规定，法庭可规定"它认为在当时情况下为维护争端各方各自的权利而适当的任何临时措施"。法庭"根据当时情况，认为在本案中应规定临时措施，要求俄罗斯联邦释放三艘乌克兰海军舰艇和24名被扣留的乌克兰军人，并允许他们返回乌克兰，以维护乌克兰主张的权利"（命令第118段）。法庭"认为没有必要要求俄罗斯联邦暂停对24名被拘留的乌克兰军人的刑事诉讼，并不再提起新的诉讼"（命令第119段）。然而，法庭认为应"命令双方避免采取任何可能加剧或扩大附件七仲裁庭受理争端的行动"（命令第120段）。

2019年5月25日命令的执行条款如下。

由于以上原因，法庭规定在附件七仲裁庭做出判决之前，根据《联合国海洋法公约》第290条第5款采取以下临时措施：

俄罗斯联邦应立即释放乌克兰海军舰艇"Berdyansk"号、"Nikopol"号和"Yani Kapu"号，将其返还由乌克兰监管；俄罗斯联邦应立即释放被拘留的24名乌克兰军人，并允许他们返回乌克兰；乌克兰和俄罗斯联邦不得采取任何可能加剧或扩大附件七仲裁庭受理争端的行动。

裁决乌克兰和俄罗斯联邦应各自在2019年6月25日之前向法庭提交第121段所述的初次报告，并授权庭长在报告提交后要求提交其认为适当的其他报告和资料。

俄罗斯参加了附件七仲裁程序。乌克兰与俄罗斯各指派了一位仲裁员后，因双方无法对仲裁庭另外三名仲裁员人选达成一致，根据《联合国海洋法公约》附件七第3条的规定，经乌克兰请求，ITLOS庭长指派了3名仲裁员组成仲裁庭。因俄罗斯提出管辖权异议，仲裁庭决定先审理这一问题。2022年6月27日，仲裁就初步反对意见做出裁决。

（二）案件启示

法庭做出了释放船只和船员的临时措施决定，加之其对于《联合国海洋法公约》某些条款解释和适用的立场，将对各国管辖海域内的执法行动及赴他国管辖海域内的活动产生一定的影响。

首先，法庭将"军事活动"理解得非常窄，降低了其管辖门槛。由于《联合国海洋法公约》对"军事活动"没有给予明确的界定，各国可以从自身的立场出发对军事活动做出或严格或宽泛的解释。该案中俄罗斯和乌克兰就存在不同的意见。法庭认为，应该奉行"客观评估"的标准，对相关活动的性质进行认定。法庭最终将俄罗斯的活动定性为执法活动，足见其对于军事活动的外延范围界定得很小，从而导致很多活动不能被视为军事活动以排除管辖。国际司法机构的这种"管辖扩张"倾向近来十分明显，如在2016年的"南海仲裁案"中，仲裁庭就认为中国曾官方声称其行动的目的为民用而非军用，故而裁定菲律宾所诉的、中国在黄岩岛周边海域针对菲律宾渔船的行为不属于"军事活动争端"，从而确定了自己的管辖权。

其次，军事活动与执法活动的界限不清晰，将导致不同国家对活动性质的解读存在差别。无论是《联合国海洋法公约》条款还是国际司法机构，并没有明确的标准区分军事活动与执法活动。一方面，《联合国海洋法公约》第298条第1款（b）项从整体上排除了所有军事活动争端；另一方面，该项却仅仅对沿海国在专属经济区内的渔业和科学研究管辖权有关的执法活动争端进行排除，这就意味着其他种类的执法活动争端不在例外的范围。在实践中，执法活动和军事活动往往相互交织。执法活动主要是由军舰和公务船舶来完成，因此存在一国利用军舰和公务船舶实施其他种类执法活动的可能。

再次，沿海国采取行动的法律基础和目的被重点考量。从法庭的决定来看，当一项活动影响到其他国家的权利和自由时，其性质不应该由从事该项活动的国家单方面决定。为了确定活动的性质，需要考虑包括国家之间关系在内的诸多的主客观因素。沿海国的执法活动必定要依据一个国际法上有效的管辖基础或其国内法律和规章。活动的目的在很大程度上不能被外在的标准界定，但执法的基础却是该国已有的法律法规体系。

（三）存在的问题

相对于国际法院来说，ITLOS指示临时措施的管辖权扩大了，其指示临时措施的标准宽松了。正是基于此，ITLOS对和平解决国际争端、国际法、国际海洋法和国际环境法做出了重要贡献，并继续发挥重要作用。不过在司法实践中，ITLOS没有严格区分"根据情形"和"情况紧急"这两类标准，同时，何谓"根据情形"和"情况紧急"，海洋法法庭没有做出明确规定，也没有做出详细的解释，因而这是一个值得继续研究的问题。此外，《联合国海洋法公约》《国际海洋法法庭规约》《国际海洋法法庭规则》都没有规定不履行临时措施命令的强制措施，这不能不说是该制度的一个遗憾。[①]

---

① 马伟阳. 国际海洋法法庭在临时措施案件中所遇到的主要问题——兼析国际法院的临时措施［J］. 研究生法学，2010，25（3）：9.

第五节

海洋划界实践

一、海洋划界实践现状

海洋划界因为关系到国家主权或主权权利，往往是一国海洋权益维护工作的重点。然而，由于《联合国海洋法公约》中有关海洋划界的规定过于抽象，缺乏可操作性，因此，许多有关海洋划界的原则、规则和制度都是由国际司法裁决确立和澄清，并指导着各国的划界实践。从这个意义上说，国际司法机构的实践是指导国家间海洋划界的重要国际法渊源。[①]2012年3月14日，国际海洋法法庭就孟加拉和缅甸之间提交的领海、专属经济区、200海里内外大陆架的划界做出判决，该案为国际海洋法法庭自成立以来有关海域划界争端所做出的第一起判决，同时也是亚洲第一起海域划界判决案例。该判决有几点特别值得注意：一是岛屿划界效力的处理原则；二是国际海洋法法庭具有200海里外大陆架划界管辖权；三是等距离/特殊情况规则适用200海里外大陆架划界；四是所谓的"灰区"（"灰区"指海域划界线划定后，产生一国专属经济区与另一国200海里外大陆架相互重叠的区块）处理方式。此外，国际海洋法法庭还有两起案件与海洋划界相关，具体情况如下。

[①] 张华. 国际司法裁决中的海洋划界方法论解析［J］. 外交评论（外交学院学报），2012，29（6）：141.

二、最新实践及案件启示

（一）加纳和科特迪瓦海洋边界争端案

1. 案情概要

在历史上，加纳和科特迪瓦分别是英国和法国的殖民地，并分别于1957年和1960年独立。和其他非洲国家一样，两国独立后并没有急于进行海洋划界工作。2007年加纳和科特迪瓦毗邻海域大量的石油资源被发现，两国的海洋划界争端逐渐升温。2008年至2014年，加纳和科特迪瓦多次就海洋界线的划定和争议区石油开发等问题进行磋商谈判，加纳始终主张其所划的基于等距离的石油区块的最西边界限构成了双方默示协议的海洋边界，加纳在该区域发现了大量的石油资源，并且已开始投入生产，而科特迪瓦自从2009年以来的行为损害了这些投资所依据的法律基础的稳定性。科特迪瓦则在整个谈判过程中提出了不同的主张，谈判无果而终。

2014年12月3日加纳和科特迪瓦缔结了特别协定，将两国的海洋划界争端提交给依据《法庭规约》第15条第2款设立的特别分庭。2015年4月25日，就科特迪瓦提出的关于规定临时措施的请求，特别分庭发布了命令。书面审理结束后，2017年2月6日至16日举行了关于案情实质的听证会，特别分庭于2017年9月23日做出判决。加纳与科特迪瓦大西洋海洋划界案是自孟加拉湾案后提交给ITLOS的第二起海洋划界案件，同时也是法庭的特别分庭程序审理的第一起海洋划界案。

2. 各方立场

（1）加纳的意见。

加纳在其最后意见中请求特别分庭裁定并宣布：

第一，加纳和科特迪瓦相互承认、商定并适用200海里内领海、专属经济区和大陆架的等距离海洋边界。

第二，200海里以外的大陆架海洋边界沿与200海里以内的边界相同的方位角延伸等距离边界，直至国家管辖范围界限。

第三，根据国际法，由于加纳所依赖的陈述，科特迪瓦不得反对商定的海洋边界。

第四，陆地边界的终点和商定的海洋边界的起点是第55号界碑（BP 55）。

第五，根据双方2013年12月达成的协议，BP 55的地理坐标为05°05′28.4″N和03°06′21.8″W（WGS 1984基准）。

第六，加纳和科特迪瓦在大西洋的海洋边界以BP 55为起点，连接到领海外部界限上双方共同商定的习惯等距离边界，然后沿着商定的边界至200海里距离处。200海里以外，边界沿同一方位角至国家管辖范围界限。边界线利用斜航线连接以下各点（地理坐标为WGS 1984基准点），各点坐标如下。（表5-1）

表5-1　加纳和科特迪瓦在大西洋的海洋边界上的各点

点	纬度	经度
CEB-1（LBT）	05° 05′ 28.4″ N	03° 06′ 21.8″ W
CEB-2	04° 53′ 39″ N	03° 09′ 18″ W
CEB-3	04° 47′ 35″ N	03° 10′ 35″ W
CEB-4	04° 25′ 54″ N	03° 14′ 53″ W
CEB-5	04° 04′ 59″ N	03° 19′ 02″ W
CEB-6	03° 40′ 13″ N	03° 23′ 51″ W
CEB-7（200海里）	01° 48′ 30″ N	03° 47′ 18″ W
CEB-8（国家管辖范围界限）	01° 04′ 43″ N	03° 56′ 29″ W

第七，驳回科特迪瓦关于"违反特别分庭2015年4月25日命令"的指控。

第八，驳回科特迪瓦关于"违反《联合国海洋法公约》第83条和科特迪瓦主权权利的指控"。

（2）科特迪瓦的意见。

科特迪瓦在其最后意见中请求特别分庭驳回加纳的所有请求和主张，并提出如下主张。

第一，宣布并裁定加纳和科特迪瓦之间的唯一海洋边界沿168.7°方位角线，该线从第55号界碑开始，一直延伸到科特迪瓦大陆架外部界限。

第二，宣布并裁定加纳在科特迪瓦海域单方面开展的活动违反了：① 科特迪瓦对本分庭划定的大陆架的专属主权权利；② 根据《联合国海洋法公约》第83条第1款和习惯法，本着诚意进行谈判的义务；③《联合国海洋法公约》第83条第3款规定的不危害或妨碍缔结协定的义务。

第三，宣布并裁定加纳违反了本分庭2015年4月25日的命令所规定的临时措施；请双方进行谈判，以便就应向科特迪瓦提供的赔偿条件达成协议，并且规定如果双方在特别分庭做出判决之日起6个月内未能达成协议，特别分庭将仅根据处理这一问题的补充书面文件确定赔偿条件。

3. 法庭的意见

特别分庭在2017年9月23日的判决中裁定如下。

第一，关于管辖权。认定特别分庭有权划定双方在领海、专属经济区和大陆架200海里内外的海洋边界；有权就科特迪瓦就所称加纳的国际责任向加纳提出的指控做出裁决。

第二，关于既存边界。认定双方就划定200海里内外的领海、专属经济区和大陆架的界限不存在默示协定，驳回加纳关于科特迪瓦不得反对"习惯等距离离边界"的主张。

第三，关于最终界限。决定200海里内外的领海、专属经济区和大陆架的单一海洋边界以BP 55+为起点，以 05° 05′ 23.2″ N、03° 06′ 21.2″ W（WGS 84）为大地基准，由用大地测量线连接的转折点A、B、C、D、E、F（坐标如下）界定：

A：05° 01′ 03.7″ N　　03° 07′ 18.3″ W

B：04° 57′ 58.9″ N　　03° 08′ 01.4″ W

C：04° 26′ 41.6″ N　　03° 14′ 56.9″ W

D：03° 12′ 13.4″ N　　03° 29′ 54.3″ W

E：02° 59′ 04.8″ N　　03° 32′ 40.2″ W

F：02° 40′ 36.4″ N　　03° 36′ 36.4″ W

从F转折点开始，单一海洋边界为大地测量线，从方位角191° 38′ 06.7″ 开始，直到到达大陆架外部界限。

第四，关于加纳是否侵权。认定加纳没有侵犯科特迪瓦的主权权利；没有违反《联合国海洋法公约》第83条第1和第3款；没有违反特别分庭2015年4月25日命令中规定的临时措施。

4. 案件启示

首先，关于默示协议。在认定该案是否存在海洋划界的默示协议时，国际海洋法法庭遵循了司法判例中较高的证明标准，区分了石油开采线和海洋界线，因此认定该案中不存在海洋划界的默示协议。在法庭看来，特定的国家行为（本案的石油开采活动）即使规定了界线，最多只代表部分水域的边界，难以扩展至划界的所有海域范围而构成一条已经存在的国际边界。

其次，关于海洋边界的划定。特别分庭遵循了等距离线/相关情况的划界方法，与国际司法机构在既往判例中确立的划界方式保持一致。特别分庭采用了未经任何调整的临时等距离线作为最终边界，在具体的划界过程中分庭也基本遵循了司法判例中的一些标准，包括识别相关海岸、相关海域、基点和相关情况等的标准。实际上支持了加纳的划界主张，划定了严格的等距离边界。

再次，关于加纳是否侵权。特别分庭认为，划界的决定不只是具有宣告的效果，它还对认定一国划界前单边行为的合法性产生法律影响。"如果那些活动在裁决前实施，而且这一区域是两国善意做出主张的对象，一国在国际判决决定的属于另一国的大陆架实施的海洋活动不认为是违反另一国的主权权利。"因此，即使一些行为发生在属于科特迪瓦的水域，特别分庭认定加纳没有侵犯科特迪瓦的主权权利。

加纳和科特迪瓦海洋边界争端案是"等距离线/相关情况"划界方法的再次应用，法庭采取未经调整的严格等距离线作为最终划界线，遵循了自黑海划界案以来国际司法机构确立的三阶段划分法，符合国际海洋划界法理的一致性。该案再次明确指出，地理因素在海洋划界的作用大于经济因素，油气开发活动成为海洋划界的相关情况需要满足很高的条件。另外，该案继续遵循了海洋划界领域承认默示协议存在的高标准，单一开发活动确立的界线无法表明两国已经划定了海洋边界。

加纳和科特迪瓦海洋边界争端案体现了对国际司法判例的遵循，但同时也有一定程度的偏离。加纳和科特迪瓦的争议情形与中日在东海的油气争端高度相似，南海周边国家在与中国的部分争议海域同样实施了油气开发活动。因此，该案的裁决对中国应对海洋划界和争议水域石油开发活动等问题提供了一定的参考。

（二）毛里求斯诉马尔代夫海洋划界争端

1. 案情概要

毛里求斯和马尔代夫两国都是印度洋上的岛国。马尔代夫于2010年提交了印度洋200海里外大陆架划界案，毛里求斯认为划界案侵犯了其在查戈斯群岛的相关权利。2019年，毛里求斯提出查戈斯群岛海域的外大陆架划界申请，并根据《联合国海洋法公约》附件七单方面提起仲裁。双方于2019年9月24日缔结了一项特别协定，启动了该案的诉讼程序，根据该协定，双方同意将毛里求斯根据《联合国海洋法公约》附件七提起的仲裁程序移交给法庭的一个特别分庭。

毛里求斯称，"除主岛外，毛里求斯领土还包括查戈斯群岛"（第56段）。马尔代夫表示：自1814年以来，并在1965年确定英属印度洋领土之后，"英国一直声称对查戈斯群岛拥有主权"，"至少自1980年以来，毛里求斯一直声称对查戈斯群岛拥有主权"（第

61段）。以此为背景，特别分庭介绍了相关的历史发展。

此外，特别分庭概述了双方针对海洋划界而开展的通信以及所举行的会议。还提及了其他国际法院或法庭的裁决，即2015年3月18日针对"毛里求斯和英国关于查戈斯海洋保护区仲裁案"的裁决（"查戈斯仲裁裁决"）和2019年2月25日国际法院（ICJ）就"1965年查戈斯群岛从毛里求斯分离的法律后果"给出的咨询意见（"查戈斯咨询意见"）；同时还提及了联合国大会（"UNGA"）于2019年5月22日做出的第73/295号决议，该决议题为"国际法院就1965年查戈斯群岛从毛里求斯分离的法律后果给出的咨询意见"。

2. 各方立场

2020年10月13日至19日，法庭以不同形式举行了有关初步反对意见的公开听证会。马尔代夫在其最后意见中请求特别分庭裁定并宣布：对于毛里求斯共和国向特别分庭提出的诉求，其不具有管辖权。此外，根据书面和口头辩护过程中提出的理由，马尔代夫共和国请求特别分庭裁定并宣布毛里求斯共和国向特别分庭提出的诉求不可受理。

毛里求斯在其最后意见中请求特别分庭裁定并宣布：一是驳回马尔代夫提出的初步反对意见；二是其有权受理毛里求斯提交的申请；三是其在行使该管辖权方面不存在任何障碍，其将着手划定毛里求斯和马尔代夫之间的海洋边界。

马尔代夫针对特别分庭的管辖权和毛里求斯诉求的可受理性提出五项初步反对意见，特别分庭按照马尔代夫提出的先后顺序进行了审查。

第一，不可或缺的第三方。马尔代夫首先提出的是，英国是本诉讼程序不可或缺的第三方，由于英国不属于该诉讼程序的当事方，特别分庭对所称争端没有管辖权。然而，毛里求斯并不承认英国是该案不可或缺的当事方。

第二，主权争议问题。马尔代夫在其第二项初步反对意见中提出：特别分庭无权裁定对查戈斯群岛的主权争议问题，如果要对毛里求斯在该诉讼中的诉求做出裁决，则其必须裁定对查戈斯群岛的主权争议问题。然而，毛里求斯辩称，"根据国际法院给出的咨询意见，查戈斯群岛不存在主权问题，因此马尔代夫的诉求应予被驳回"（第118段）。

第三，《联合国海洋法公约》第74条和第83条的要求。马尔代夫在其第三项初步反对意见中辩称：鉴于毛里求斯和马尔代夫没有、也不可能有意义地参与《联合国海洋法公约》第74条和第83条所要求的谈判，因此特别分庭不具有管辖权。然而，毛里求斯认为：第74条和第83条并未将谈判义务作为援引《联合国海洋法公约》第十五部分规定的程序的司法先决条件，双方确实就有争议的海洋边界进行了谈判。

第四，争议的存在。马尔代夫在其第四项初步反对意见中称：毛里求斯和马尔代夫之间不存在、也不可能存在海洋边界的争端，若这种争端不存在，特别法庭也就没有管辖权。但毛里求斯却提出，至少自2010年以来，双方间就存在这种争端。

第五，滥用诉讼程序。马尔代夫在其第五项初步反对意见中提出：毛里求斯的诉求构成滥用诉讼程序，因此应以不可受理为由予以驳回。马尔代夫则认为：毛里求斯是在利用《联合国海洋法公约》的强制争端解决诉讼程序，以获得关于第三国的领土争端的裁决。毛里求斯提出，马尔代夫的异议毫无根据，其并未寻求就查戈斯群岛的主权做出裁决。

3. 法庭意见

（1）关于马尔代夫的初步反对意见的处理。

第一，不可或缺的第三方。特别分庭指出："如果存在查戈斯群岛主权争端，英国可能被视为不可或缺的一方，而根据'货币黄金案原则'，特别分庭将无法行使其管辖权"（第99段）。特别分庭还指出："从另一方面来看，如果该主权争端的解决结果有利于毛里求斯，则可能不会将英国视为不可或缺的一方，'货币黄金案原则'也将不适用"（第99段）。

特别分庭注意到，双方承认其提出第一和第二项初步反对意见完全是"以一个'核心前提'为根据，即对马尔代夫而言，毛里求斯与英国间的主权争端仍未解决，而对毛里求斯而言，主权问题已得到对其有利的解决"（第100段）。因此，特别分庭认为："就查戈斯群岛的法律地位而言，应一并审查这两项反对意见"（第100段）。因此马尔代夫的诉求应予被驳回（第118段）。

第二，主权争议问题。特别分庭指出："毛里求斯的诉求基于毛里求斯对查戈斯群岛拥有主权，因此是《联合国海洋法公约》第74条第1款和第83条第1款所指的与马尔代夫海岸相对或相邻的国家，也是该一条第3款所指的有关国家"（第113段）。不过，特别分庭还指出："双方对毛里求斯对查戈斯群岛拥有主权这一前提的有效性存在异议"（第114段）。因此，"双方对第二项先决反对异议的核心是查戈斯群岛的法律地位这一问题"（第115段），如上所述，特别分庭对这一问题的审查将牵涉到第一项和第二项初步反对意见。

特别分庭随后对查戈斯群岛的法律地位进行了审查，并特别考虑到查戈斯仲裁裁决、国际法院给出的"查戈斯咨询意见"以及联合国大会第73/295号决议对此是否有影响。

关于查戈斯仲裁裁决，特别分庭的结论是："虽然仲裁庭……承认英国和毛里求斯之间存在对查戈斯群岛的主权争端，但仲裁庭认为其没有解决该争端的管辖权"（第246段）。同时，特别分庭指出，仲裁庭承认"在不影响主权问题的情况下，毛里求斯对查戈斯群岛拥有某些权利，包括捕鱼权、在不再需要用于防卫目的时归还的权利以及对所发现的矿物或石油的受益权"（第246段）。特别分庭认为"这表明除了主权问题之外，查戈斯群岛一直受制于某种特殊制度，根据这种制度，毛里求斯有权享有某些海洋权利"（第246段）。

关于"查戈斯咨询意见"，特别分庭认为"国际法院在'查戈斯咨询意见'中就毛里求斯非殖民化问题所作的裁定具有法律效力，对查戈斯群岛的法律地位具有明确的影响"以及"英国仍然声称对查戈斯群岛拥有主权，与该裁定背道而驰"（第246段）。特别分庭还认为："尽管非殖民化进程尚未完成，但可以从国际法院的裁定中推断出毛里求斯对查戈斯群岛拥有主权"（第246段）。

关于联合国大会第73/295号决议，特别分庭指出：该决议要求英国在决议通过后六个月内撤销对查戈斯群岛的管理。特别分庭认为："大会规定的时限已过，但英国未遵守这一要求，这进一步印证了特别分庭的结论，即英国对查戈斯群岛的主权诉求不符合咨询意见中的权威裁定"（第246段）。

就第一项初步反对意见而言，特别分庭认为："英国在查戈斯群岛的任何利益都不会使英国拥有充分合法利益，更不会使其成为受查戈斯群岛海洋边界划定的影响的不可或缺的第三方"（第247段）。特别分庭的结论是："英国不是本诉讼程序不可或缺的当事方"（第248段）。因此，马尔代夫的第一项初步反对意见被驳回。

就第二项初步反对意见而言，特别分庭认为："特别分庭的整体调查结果为其提供了充分的依据，从而可得出结论：就划定海洋边界而言，即使毛里求斯尚未完成非殖民化进程，仍可将毛里求斯视为查戈斯群岛的沿海国"（第250段）。特别分庭认为："将毛里求斯视为查戈斯群岛的沿海国，符合查戈斯仲裁裁决中做出的裁定，特别是符合根据联合国大会第73/295号决议所采纳的查戈斯咨询意见中的裁定。"（第250段）根据本案的情况，"特别分庭确信，毛里求斯可被视为《联合国海洋法公约》第74条第1款和第83条第1款所指的与马尔代夫海岸相对或相邻的国家，以及该条款第3款所指的有关国家"（第251段）。因此，马尔代夫的第二项初步反对意见被驳回。

第三，《联合国海洋公约》第74条和第83条的要求。特别分庭认为，《联合国海洋法公约》第74条第1款和第83条第1款"规定各国有义务本着诚意进行谈判，以期就划界问题达成协议。但是，该义务并不强制当事国达成这种协议"（第273段）。特别分庭指出，"根据其收到的记录，毛里求斯曾数次试图与马尔代夫就其诉求的重叠专属经济区和大陆架的划界问题进行谈判"（第288段），但马尔代夫却"多次拒绝与毛里求斯谈判"（第289段）。

特别分庭认为，"'在无法达成协议'的情况下，按照第74条和第83条第2款的规定，诉诸《联合国海洋法公约》第十五部分的程序，不仅是合理的，而且是当事国应尽的义务"（第292段）。因此，特别分庭的结论是："《联合国海洋法公约》第74条第1款和第83条第1款规定的义务已得到履行。"（第293段）因此，马尔代夫的第三项初步反对意见被驳回。

第四，争议的存在。特别分庭指出："从双方通过的国家立法中可以明显看出，其各自在有关地区所声称拥有主权的专属经济区相互重叠。"（第327段）特别分庭还注意到，马尔代夫在2010年7月26日向联合国大陆架界限委员会（"CLCS"）提交了资料。特别分庭认为："马尔代夫所声称拥有主权的200海里以外大陆架与毛里求斯在相关区域所声称拥有主权的专属经济区相互重叠。"（第332段）

特别分庭还指出，毛里求斯在2011年3月24日给联合国秘书长的外交照会中正式就马尔代夫向联合国大陆架界限委员会提交意见提出抗议。鉴于这一抗议，特别分庭认为："双方存在明显意见分歧，毛里求斯极力反对马尔代夫的诉求。"（第332段）特别分庭还指出："海洋划界争端不仅限于对实际海洋边界位置的分歧，还可能在其他情形下出现其他形式的争端。"（第333段）

特别分庭的结论是：提交通知书时，"双方间存在关于其海洋边界划界的争端"（第335段）。因此，马尔代夫的第四项初步反对意见被驳回。

第五，滥用诉讼程序。特别分庭提及其先前的裁定，即"《联合国海洋法公约》第74条第1款和第83条第1款规定的义务已得到履行"，以及"在提交通知时，双方间存在关于其海洋划界的争端"（第345段）。特别分庭指出，"毛里求斯根据《联合国海洋法公约》第74条第2款和第83条第2款，诉诸《联合国海洋法公约》第十五部分规定的争端解决程序"（第347段），毛里求斯的诉求"仅限于《联合国海洋法公约》第74条和第83条"（第348段）。因此，特别分庭裁定"毛里求斯的诉求不构成滥用诉讼程序"（第349段）。因此，马尔代夫的第五项初步反对意见被驳回。

（2）关于管辖权和可受理性的结论。

特别分庭给出的结论是："特别分庭有权裁定双方在印度洋的海洋边界划界争端，

毛里求斯在这方面提出的诉求可予受理。"（第351段）特别分庭认为："关于特别分庭在上述争端中管辖权范围的问题，包括根据《联合国海洋法公约》第76条提出的问题"，应推迟到对案情实质开展诉讼程序之时（第352段）。关于双方对毛里求斯就《联合国海洋法公约》第74条第3款和第84条第3款规定的义务在其通知第28段中提出的诉求的意见，特别分庭认为"应将此事留待至对案情实质开展诉讼程序之时再进行审议和裁决，因为双方尚未充分论证这一点"（第353段）。

（3）执行条款。

判决书执行部分如下（第354段）："鉴于上述原因，特别分庭一致认为，

驳回马尔代夫提出的第一项初步反对意见，理由是英国是本诉讼程序不可或缺的第三方；

以8票对1票，驳回马尔代夫提出的第二项初步反对意见，理由是特别分庭没有管辖权来裁定对查戈斯群岛的主权争议问题；

以8票对1票，驳回马尔代夫就《联合国海洋法公约》第74条和第83条提出的第三项初步反对意见；

一致认为，驳回马尔代夫提出的第四项初步反对意见，理由是双方之间不存在争端；

一致认为，驳回马尔代夫以滥用诉讼程序为由提出的第五项初步反对意见；

以8票对1票，特别分庭裁定：特别分庭有权就双方提交的在印度洋的海洋划界的争端做出裁决，毛里求斯在这方面提出的诉求可予受理；但是关于特别分庭管辖权范围的问题，包括根据《联合国海洋法公约》第76条产生的问题，应推迟到对案情实质开展诉讼程序之时。

一致认为，对于毛里求斯在其通知第28段中提出的关于《联合国海洋法公约》第74条第3款和第84条第3款规定的义务的管辖权和可受理性的问题，应将其留待至对案情实质开展诉讼程序之时再进行审议和裁决。"

4. 案件启示

毛里求斯与马尔代夫的海洋划界案是法庭最新受理的一个涉及海洋划界的诉讼案件，也是法庭最新做出的关于诉讼管辖权和可受理性争辩的判决，案件还涉及第三方英国。

分庭毫无争议地接受了马尔代夫主张的第一部分，即根据《联合国海洋法公约》第288条第1款，"需要确定领土主权问题的争端"不得视为"关于《联合国海洋法公约》解释或适用的争端"。这一结论与2016年"南海仲裁案"以及2020年乌克兰和俄

罗斯黑海争端案中的结论一致。

然而，它拒绝了马尔代夫反对意见的第二部分：确定英国和毛里求斯之间的主权争端是确定毛里求斯和马尔代夫之间海洋边界的先决条件。相反，特别分庭认为，它能够在毛里求斯是查戈斯群岛海洋划界的沿海国的基础上继续进行，尽管非殖民化进程尚未完成。分庭依据国际法院咨询意见和联合国大会第73/295号决议得出这一结论。在一项细致入微的决定中，特别分庭对"国际法院咨询意见的约束力和权威性进行了区分"。它承认国际法院的咨询意见不具有法律约束力，尽管如此，它仍然可以提供"关于它所处理的问题的国际法的权威性声明"。分庭强调，"咨询意见中做出的司法裁决的重要性和权威性不亚于判决中做出的司法裁决，因为它们是由'委托人'以同样的严格和仔细的方式做出的"。"联合国是在国际法事务中具有管辖权的司法机关"，它的结论是，国际法院认定查戈斯群岛是毛里求斯的一部分和英国"继续管理查戈斯群岛是一种持续性质的非法行为"，具有"法律效力"，并允许分庭在毛里求斯是（而且是）沿海国的基础上进行诉讼，而无须对案件本身做出决定。该分庭进一步指出，2019年后，英国对查戈斯群岛的任何主权主张都不过是"纯粹的主张"，但"这种主张不能证明毛里求斯和英国之间存在（主权）争端"。这一结论还允许分庭驳回马尔代夫提出的第一项反对意见；英国是一个不可或缺的第三方，其权利将受到本案的影响。

法律行为与法律事实之间存在区别，然而两者都可能产生法律效力。这项决定采取国际法院咨询意见和联合国大会决议的确定的法律事实，实际上将其提升为法律行为，对争端缔约国和国际社会（包括英国）产生了具有约束力的法律义务。特别分庭的结论是，在没有正式对英国具有约束力的任何司法或其他决定的情况下，英国不再对查戈斯群岛拥有主权。2021年2月8日，英国国防部长声称，毛里求斯与马尔代夫之间争端的决定"对英国没有影响，也没有对英国（关于英属印度洋领土）和马尔代夫共和国之间的海洋划界产生影响"，因为英国不是诉讼的缔约国。

2021年6月4日，毛里求斯向"印度洋金枪鱼委员会"（IOTC）发出外交照会，提醒委员会注意国际海洋法法庭特别分庭做出的判决，并指出"毫无疑问的是，毛里求斯是唯一对查戈斯群岛及其海域合法拥有主权和主权权利的国家，英国不能作为沿海国成为该委员会的成员"。英国则照会该委员会，认为其并非诉讼当事方，所以该判决对英国以及英国和马尔代夫之间的海洋划界不产生效力。

三、案件裁判存在的问题

在国际海洋法法庭已经审理的3个海洋划界案件中，只有缅甸和孟加拉国之间的孟加拉湾海洋划界案是由法庭全体审理的，加纳与科特迪瓦之间的大西洋海洋划界案和该案都是由法庭有限数量的法官组成特别分庭审理的。这就表明，国际海洋法法庭开始倾向通过特别分庭来审理海洋划界案件。然而，由于特别分庭的法官人数比较有限，如果法官组成发生较大变化时，可能对相关国际法的理解不一致。此外，由于一些法官是这两个特别分庭"常客"法官，这就可能造成法庭的许多其他法官没有机会参与审理海洋划界相关案件。虽然特别分庭审理海洋划界案件具有高效和专业的优势，但过多地通过特别分庭来审理这类案件可能"架空"法庭，造成对《联合国海洋法公约》及相关国际法的理解不全面与不平衡。①

① 朱利江. "毛里求斯与马尔代夫海洋划界案"初步反对意见判决的问题、技巧与影响 [J]. 国际法研究，2021（5）：18-29.

第六节
中国与ITLOS

一、ITLOS在海洋争端解决中的作用前景

综观国际法院、常设仲裁法庭和ITLOS的实践，可以发现涉及海域划界或领土争端的案件，相关国家更倾向于提交国际法院审理或者交付仲裁，只有涉及船只和船员的迅速释放、规定临时措施的案件才交付ITLOS。造成这种现象的原因，在于三个机构的自身特点和各国对其的态度有所不同。争端当事方在仲裁中的主动性以及常设和仲裁法院1993年以后的一系列改革更提高了仲裁在解决海洋法争端中的地位，国际法院悠久的历史和在解决海洋法争端方面的丰富经验使得相关国家更愿意选择它。尽管如此，ITLOS在解决海洋法争端方面的地位将逐步提高。一是因为其是解决海洋法争端的专门性国际司法机构。二是《联合国海洋法公约》和《国际海洋法法庭规约》赋予了它在有关"船只和船员的迅速释放"、规定"临时措施"以及有关海底争端案件方面的强制管辖权。三是ITLOS可以受理国家以外实体包括个人的诉讼。四是随着《联合国海洋法公约》缔约国的增加及法庭实践的增多，人们必然会更加重视并更好地利用它来解决海洋法争端。

目前ITLOS的管辖权处于不断发展当中，且逐渐呈现出扩张的状态，这体现在《联合国海洋法公约》《国际海洋法法庭规则》、ITLOS的司法判例等方面。法庭在管辖权范围方面的扩大有助于国际海洋争端问题的解决，也对《联合国海洋法公约》解释或适用的统一性具有极其重要的意义。然而，ITLOS管辖权的扩张也可能引发一些问题：一是容易导致国际司法机构之间管辖权冲突。如在ITLOS的第10号案例——爱尔兰诉英国MOX核燃料厂案中就出现过平行管辖权冲突的问题。二是易于被一些国家别有用心地

故意利用。近年来涉及国际海洋问题的案例中，存在一些"打包诉讼"的现象，如毛里求斯诉英国海洋保护区仲裁案和中菲"南海仲裁案"。我们应当保持正确的态度去看待国际司法机构管辖权的扩张问题，积极寻找解决问题的途径。

二、中国参与ITLOS事务的建议

中国一直高度重视并大力支持国际海洋法法庭的工作，每年按时缴纳法庭会费，并向法庭捐款基金资助法庭对发展中国家的培训项目、资助发展中国家人员到法庭实习等。自ITLOS成立以来，先后在法庭任职的中国人有赵理海（任期1996至2000年）、许光建（任期2001至2007年）、高之国（任期2008年至2020年）、段洁龙。其中，段洁龙法官是2020年8月24日在《联合国海洋法公约》第30次缔约国会议上，于第一轮投票中以149票成功当选，任期为2020年10月1日至2029年9月30日。段洁龙的当选其实受到了个别国家的"阻挠"，中国外交部明确指出，中方候选人段洁龙大使得到绝大多数《联合国海洋法公约》缔约国的广泛支持，反映了国际社会对中方推荐的候选人资质的认可，是对中方20多年来对法庭工作贡献的肯定，体现了国际社会维护多边主义和国际法治的决心。

中国自1996年批准《联合国海洋法公约》以来，一直未选择《联合国海洋法公约》第287条规定的有关本公约的解释或适用的争端方法。鉴于国际、区域形势的发展和国内的实际需要，我国于2006年8月25日，根据《联合国海洋法公约》第298条规定，向联合国秘书长提交了书面声明，指出对于《联合国海洋法公约》第298条第1款第（a）、（b）和（c）项所述的任何争端（即涉及海洋划界、领土争端、军事活动等争端），中国政府不接受《联合国海洋法公约》第15部分第2节规定的任何国际司法或仲裁管辖。换言之，中国对于涉及国家重大利益的海洋争端，排除了适用国际司法或仲裁解决的可能性，坚持与有关国家通过协商谈判解决的立场。目前中国并未接受法庭的强制管辖。2023年9月15日，中国外交部条约法律司司长马新民代表中国在ITLOS涉气候变化咨询意见案口头程序中进行陈述。这是中国首次参加ITLOS口头程序，也是中国继2009年在国际法院参与科索沃咨询意见案口头程序后又一开创性国际司法实践。

虽然中国一直坚持通过谈判协商来解决争端，但争端的司法化解决是当今国际社会的一大趋势，中国应该致力于进一步提高在法庭的影响力。首先，在个人层面，作为国家在法庭范围内最具象的代表，法官的数量和影响力都代表着一国的影响力，因此我们应当尽可能多地培养相关领域的人才，输送到国际海洋法法庭中去。其次，在国家层面，应该以国家的名义在相关会议上发声，更积极地参与到法庭的事务中去，尤其是在ITLOS的咨询管辖权方面发挥作用。中国曾对于法庭的第21号咨询案件提出了书面意见，这也是一种对法庭有关咨询管辖程序和事项的参与。该咨询案意义重大，不仅涉及国际海腐资源开发的一系列问题，也与众多包括缔约国、海管局、承包者在内的主体息息相关。总的来说，中国给出的书面陈述与最后分庭的正式咨询意见基本一致，但也有突出和细化之处，如在赔偿责任方面，中国提出了比例性原则。与分庭的意见相比较，中国提出的这一比例性原则是对分庭平行责任的进一步解释和完善。

参 考 文 献

［1］国际海道测量组织，国际大地测量协会. 1982《联合国海洋法公约》技术手册：第5版［M］.公衍芬，张建辉，毕文璐，等译.北京：海洋出版社，2020：1-4.

［2］张海文.联合国海洋法公约释义集［M］.北京：海洋出版社，2006：1-13.

［3］中国大百科全书总编辑委员会.中国大百科全书：法学［M］.北京：中国大百科全书出版社，1984：50.

［4］国家海洋局政策研究室.国际海域划界条约集［M］.北京：海洋出版社，1989：35-81.

［4］袁古洁.国际海洋划界的理论与实践［M］.北京：法律出版社，2001：26.

［5］T. Scovazzi.Evolution of International Law of The Sea［M］// Collected Courses of the Hague Academy of International Law，2000：195.

［6］王岩.国际海底区域资源开发制度研究［D］.青岛：中国海洋大学，2008.

［7］金建才，毛彬，张克宁，等.国际海底管理局十年：1994—2004［M］.北京：海洋出版社，2005：5.

［8］黄德明，黄哲东.大陆架界限委员会与第三方争端解决机构职务关系问题及其解决建议［J］.西北民族大学学报（哲学社会科学版），2021（1）：87-98.

［9］潘军.联合国大陆架界限委员会评析［J］.长春理工大学学报（社会科学版），2012，25（9）：19-21.

［10］ MRIDHA M，VARMA H，MACNZB R. The Bay of Bengal and the Statement of Understanding Concerning the Establishment of the Outer Edge of the Continental Margin： Regional Implications for Delimiting the Juridical Continental Shelf［J］.

International Hydrographic Review 7，2006（3）：37-44.

［11］〔斐济〕萨切雅·南丹，〔以〕沙卜泰·罗森. 1982年《联合国海洋法公约》评注：第二卷［M］.吕文正，毛彬，译.北京：海洋出版社，2014：790-793.

［12］P.A.Symonds，M. F. Coffin，G. Taft，et al. Continental Shelf Limits：The Legal and Technical Interface［M］.Oxford：Oxford University Press，2000.

［13］H.Brekke，P.A.Symonds. Article 76 of the UN Convention on the Law of the Sea，the Legal and Scientific Aspects of Continental Shelf Limits，ed.［M］. M. H. Nordquist，J.N.Moore，T. H. Heidar. Leiden：Martinus Nijhoff，2004.

［14］Górski，Tomasz. A Note on Submarine Ridges and Elevations with Special Reference to the Russian Federation and the Arctic Ridges［J］. Ocean Development & International Law，2009（40）：1+51-60.

［15］吕文正，王丹维. 沿海国200海里以外大陆架外部界限划界案大陆架界限委员会建议评注（第一卷）［M］.北京：海洋出版社，2014：167+171-174+176.

［16］Górski，Tomasz. A Note on Submarine Ridges and Elevations with Special Reference to the Russian Federation and the Arctic Ridges［J］. Ocean Development & International Law，2009（40）：1，51-60.

［17］Harald Brekke，Philip Symonds. Submarine Ridges and Elevations of Article 76 in Light of Published Summaries of Recommendations of the Commission on the Limits of the Continental Shelf［J］. Ocean Development & International Law，42（2011）：4+289-306.

［18］Macnab，Ron.Submarine Elevations，Ridges. Wild Cards in the Poker Game of UNCLOS Article 76［J］. Ocean Development & International Law，2008（39）：2+223-234.

［19］〔斐济〕萨切雅·南丹，〔以〕沙卜泰·罗森. 1982年《联合国海洋法公约》评注：第二卷［M］.吕文正，毛彬，译.北京：海洋出版社，2014：777+780-785+916-919.

［20］PINTO M. Article 76 of the UN Convention on the law of the sea and the Bay of Bengal Exception［J］. Asian Journal of international Law，2013（3）：215-235.

［21］MRIDHA M，VARMA H，MACNZB R. The Bay of Bengal and the Statement of Understanding Concerning the Establishment of the Outer Edge of the Continental Margin：Regional Implications for Delimiting the Juridical Continental Shelf［J］. International Hydrographic Review 7，2006（3）：37-44.

［22］刘亮.论大陆架界限委员会建议的性质与效力——兼评中国东海部分海域大陆架划界案［J］.太平洋学报，2014，22（5）：23-31.

［23］吴卡.冲之鸟不应拥有外大陆架——从大陆架界限委员会的职能展开［J］.大连海事大学学报（社会科学版），2013，12（2）：37-40.

［24］李毅.论联合国大陆架界限委员会在外大陆架划界中的作用——兼谈中国及周边国家的外大陆架申请［J］.南洋问题研究，2010（2）：1-8+32.

［25］高兰.《联合国海洋法公约》的缺陷及中美日南海海权博弈对策比较分析［J］.国际观察，2016（4）：42-56.

［26］〔美〕杰克·戈德史密斯，〔美〕埃里克·波斯纳.国际法的局限性［M］.龚宇，译.北京：法律出版社，2010：8.

［27］陈屹.大陆架划界原则浅探［J］.中山大学研究生学刊：社会科学版，2001，22（3）：114-121.

［28］刘唯哲，CHEN Jueyu.《联合国海洋法公约》对南极海域争端的影响与启示［J］.中华海洋法学评论，2020，16（3）：52-82.

［29］黄德明，黄哲东.大陆架界限委员会与第三方争端解决机构职务关系问题及其解决建议［J］.西北民族大学学报：哲学社会科学版，2021（1）：87-98.

［30］徐巍巍.国际海底区域资源开发法律制度研究［D］.杭州：浙江大学，2017.

［31］郝艺颖.国际海底区域矿物资源开发收益分配机制的构建与执行［J］.国际经济法学刊，2022（1）：117-130.

［32］Giovanni Ardito，Marzia Rovere. Racing the clock：Recent developments and open environmental regulatory issues at the International Seabed Authority on the eve of deep-sea mining［J］. Marine Policy，2022（140）.

［33］王秀芬，檀畅.国际海洋立法新动向与中国应对——以《国家管辖范围以外海域生物多样性国际协定》为视角［J］.吉首大学学报（社会科学版），2018，39（05）：62-68.

［34］The United Nations. Summary of the Second Session of the Intergovernmental Conference on an International Legally Binding Instrument under the UN Convention on the Law of the Sea on the Conservation and Sustainable Use of Marine Biodiversity of Areas Beyond National Jurisdiction［EB/OL］.［2019-4-8］. http：//enb.iisd.org/oceans/bbnj/igc2/.

［35］The United Nations. Summary of the Second Session of the Intergovernmental

Conference on an International Legally Binding Instrument under the UN Convention on the Law of the Sea on the Conservation and Sustainable Use of Marine Biodiversity of Areas Beyond National Jurisdiction［EB/OL］.［2019-4-28］. http：//enb.iisd.org/oceans/bbnj/igc2/.

［36］李德芳. 中国开展南太平洋岛国公共外交的动因及现状评析［J］. 太平洋学报，2014，22（11）：26-34.

［37］孙学峰，李银株. 中国与77国集团气候变化合作机制研究［J］. 国际政治研究，2013，34（1）：88-102+2+1.

［38］张丹. 关于国际海底区域法律制度的研究——以保留区及平行开发制为中心［J］. 太平洋学报，2014，22（3）：11-18.

［39］王曦. 美国环境法概论［M］. 武汉：武汉大学出版社，1992：104+381.

［40］刘少军，杨保华，刘畅，等. 从市场、技术和制度看国际海底矿产资源的商业开采时机［J］. 矿冶工程，2015，35（4）：126-129.

［41］International Seabed Authority. Workshop on the Regional Environmental Management Plan for the Area of the Northern Mid-Atlantic Ridge［EB/OL］.［2019-9-5］. https：//www.isa.org.jm/workshop/workshop-regional-environmental-management-plan-area-northern-mid-atlantic-ridge5.

［42］Michael W. Lodge，Philomène A. Verlaan.Deep-Sea Mining：International Regulatory Challenges and Responses［J］. Elements，2018（14）：331.

［43］张克宁，朱珍梅. 国际海底区域环境管理计划评析——基于克拉里昂-克利珀顿区实践［J］. 边界与海洋研究，2020，5（1）：16-30.

［44］秦笑.论国际海底区域资源开发与分享法律制度［D］.南昌：南昌大学，2020.

［45］Klaas Willaert. Fair Share：Equitable Distribution of Deep Sea Mining Proceeds［J］. The International Journal of Marine and Coastal Law，2022（37）.

［46］曾文革，高颖. 国际海底区域采矿规章谈判：理念更新与制度完善［J］. 阅江学刊，2020，12（1）：98.

［47］林家骏. 国际海底区域矿产资源开发法律问题研究［D］.大连：大连海事大学，2020.

［48］桂静. 外大陆架制度背景下国际特许使用费法律问题探析［J］. 天津法学，2014，30（1）：63.

［49］任虎，姚妍韡. 国际海洋法法庭迅速释放问题研究［J］. 太平洋学报，2015，

23（1）：22.

［50］马伟阳. 国际海洋法法庭在临时措施案件中所遇到的主要问题——兼析国际法院的临时措施［J］.研究生法学，2010，25（3）：59.

［51］张华. 国际司法裁决中的海洋划界方法论解析［J］.外交评论：外交学院学报，2012，29（6）：141.

［52］戴宗翰，范建得. 国际海洋法法庭"孟加拉湾划界案"之研析——兼论南海岛礁划界之启示［J］.比较法研究，2014，28（5）：136.

［53］朱利江."毛里求斯与马尔代夫海洋划界案"初步反对意见判决的问题、技巧与影响［J］.国际法研究，2021（5）：18-29.